陈少峰　王　鸿　王建平　主编

中国互联网文化企业报告

ZHONGGUO HULIANWANG WENHUA QIYE BAOGAO

—— 2015 ——

華文出版社
SINO-CULTURE PRESS

图书在版编目（CIP）数据

中国互联网文化企业报告2015 / 陈少峰，王鸿，王建平主编.
—北京：华文出版社，2015.7
ISBN 978－7－5075－4376－6

Ⅰ.①中… Ⅱ.①陈… ②王… ③王… Ⅲ.①互联网络—文化产业—企业发展—研究报告—中国—2015 Ⅳ.①G124－39

中国版本图书馆CIP数据核字（2015）第143941号

中国互联网文化企业报告2015

主　　编：陈少峰　王　鸿　王建平
责任编辑：吴　晶
出版发行：华文出版社
地　　址：北京市西城区广外大街305号8区2号楼
邮政编码：100055
网　　址：http：//www.hwcbs.com.cn
投稿邮箱：hwcbs@126.com
电　　话：总编室010－58336210　责任编辑010－58336193
发行部010－58336270　010－58336267
经　　销：新华书店
印　　刷：三河市宏盛印务有限公司
开　　本：710mm×1000mm　1/16
印　　张：13
字　　数：200千
版　　次：2015年7月第1版
印　　次：2015年7月第1次印刷
标准书号：ISBN 978－7－5075－4376－6
定　　价：45.00元

主　办

北京大学文化产业研究院

中国文化企业研究中心

中国书画五十人论坛

中国互联网文化产业论坛

天舟文化股份公司

海大国际经济文化交流公司

编写委员会

主　　编　陈少峰　王　鸿　王建平

执行主编　郭万超　张小溪　黄向军

副 主 编　范婷婷　侯杰耀　郑　蕾

编 委 会　郭万超　侯杰耀　刘新良　孙秋静　苏亚兰
田　蕾　许　飘　张　力　张立波　张小溪
赵玉宏　黄向军　范婷婷　郑　蕾　徐文明
余　霖　王　鸿　王建平　朱建相　罗争玉
陈少峰

序言

中国文化产业的发展如火如荼，许多文化企业逐渐成为大型的舰队式的企业集团（联合体）。在经济新常态的环境下，一方面，中国文化产业发展出现了跨国并购、跨界融合、企业主导以及互联网文化产业高速发展等的新格局、新态势；另一方面，中国传统的文化产业也受到新兴业态的文化产业的巨大冲击，需要与时俱进，探寻新机遇，把握新（商业）模式。整体上看，当前的中国文化产业出现了大震荡与大发展双重格局并存的奇特景象。

文化产业作为塑造国家文化软实力的核心力量之一，越来越受到各界的高度重视。北京大学文化产业研究院致力于研究中国文化产业的大趋势、大格局，研究国家文化产业发展战略和文化企业的商业模式。在当今文化产业发展的关键时期，我们联合了国内一些有志于学术探索的文化企业、文化企业家和百多位学者，联合主持并共同编写了《中国文化企业报告2015》、《中国文化企业品牌案例》、《中国互联网文化产业报告2015》、《中国互联网文化企业报告2015》、《中国书画产业报告2015》、《中国文化旅游产业报告2015》、《中国电影产业报告2015》等学术研究的专题报告。不过，遗憾的是，除了《中国文化企业报告2015》（作为系列化编写以来已是第四个年度研究报告）之外，其余6个报告均为第一次组织学者编写，其中存在不少疏漏、草率与不足之处，敬请谅解。我们将在今后努力改进不足，争取持续提供更严谨的研究成果。

本次各项报告的主持和写作分工是：主编负责专题大纲的策划与协调，执行主编与副主编负责具体写作的统筹与统稿，每一位作者负责撰写某个具体章节的内容。本着文责自负的原则，所有作者所撰写的内容章节均署实名与所在工作单位。此外，需要补充说明的是，以上所列的《中国文化企业报告2015》、《中国文化企业品牌案例》等两部报告由三位主编共同策划和协调，张立波同时也参与负责统筹和统稿；其余报告中的执行主编和副主编均负责该报告的统筹和统稿。

目 录

CONTENTS

第一章　产业新格局

互联网文化产业作为一种新兴的产业模式正在蓬勃发展，许多老牌的互联网企业或文化企业高歌进入这一新领域，同时这一领域也催生了许多以文化生产营销为主要业务的新的互联网公司。互联网文化产业成为中国经济最活跃的经济板块之一，无限的市场价值与增长空间为中国企业提供了难得的发展契机。经济的发展根基在于每一个企业的经营，而互联网文化产业的未来也取决于每一个互联网文化企业的经营智慧。

一、总体格局

每一个企业都存在于某一产业环境之中，一个企业要实现成功的经营首先就要了解自己所处的产业环境。根据麦肯锡全球研究院的计算，考虑到互联网的发展速度和各行业的运用程度，预计2013年至2025年，互联网将有可能在中国GDP增长总量中贡献7%～22%。到2025年，这相当于每年4万亿～14万亿元人民币的年GDP总量。① 因此，互联网是中国经济发展的未来希望，而传统的文化产业必须拥抱互联网才有继续增长的可能性。对于互联网文化企业而言，互联网文化产业的总体格局——互联网科技与文化产品的融合发展是企业进行任何决策都必须考虑的因素。总体而言，中国互联网文化企业的发展是迅速的，2014年，互联网新媒体公司的业绩增幅都位居前列，据Wind数据统计，今年前三季度，按申银万国标准细分的传媒行业61家上市公司中，仅＊ST传媒（000504）一家公司净利润为负，其余均实现盈利，

① 数据来源：麦肯锡2014年7月25日发布的China's digital transformation：The Internet's impact on productivity and growth.

75%的公司净利润同比增长，其中天舟文化、当代东方、东方财富、东方明珠、吉视传媒、掌趣科技等公司净利润同比增幅达100%以上。[①] 互联网文化产业作为一个朝阳产业成为互联网文化企业取得良好业绩的重要原因。

（一）产业背景

根据中国互联网络信息中心发布的《第34次中国互联网络发展状况统计报告》，截至2014年6月，我国网民规模达6.32亿，较2013年底增加1442万人。互联网普及率为46.9%，较2013年底提升了1.1个百分点。截至2014年6月，我国手机网民规模达5.27亿，较2013年底增加2699万人。特别值得注意的是，截至2014年6月，我国网民上网设备中，手机使用率达83.4%，首次超越传统PC整体使用率（80.9%），手机作为第一大上网终端设备的地位更加巩固。[②] 手机上网成为人们日常生活不可或缺的一部分，手机网络使用率的增长使得网民在手机电子商务类、休闲娱乐类、信息获取类等应用的使用率都在快速增长。可以说，互联网的发展进入了移动互联网的新时代。移动互联网带动整体互联网各类应用发展，为互联网文化产业的发展提供了新的契机。

互联网文化产业要实现快速发展，首先就需要广阔的市场空间，而互联网，特别是移动互联网的技术应用为互联网文化产业的发展创造了无限的消费潜力。中国网民的生活已经接近于全面的“网络化”，互联网深入人们生活的方方面面，网络应用改变了大众生活的面貌。2014年上半年，中国网民的人均周上网时长达25.9小时，相比2013年下半年增加了0.9小时。除了传统的消费、娱乐以外，移动金融、移动医疗等新兴领域移动应用多方向满足用户上网需求，推动网民生活的进一步“网络化”。可以说，人们日常生活的任何一部分都难以彻底排除互联网的渗入。因此，互联网文化产业的市场着眼点就是已经被“网络化”的消费者的日常生活，通过互联网的技术手段开发、传播、销售人们所需要的文化产品，并且在生产传统的文化产品的同时，进一步拓展文化产品的范畴，把互联网本身打造成一种文化产品，以更符合人

---

① 参考：中国经济网—证券日报．2014年文化产业持续高增长 影视业并购案6天一起［EB/OL］．http：//www. ce. cn/culture/gd/201412/24/t20141224_ 4188233. shtml，2014－12－24.

② 中国互联网络信息中心．第34次中国互联网络发展状况统计报告［EB/OL］．http：//www. cnnic. net. cn/hlwfzyj/hlwxzbg/hlwtjbg/，2014－07－21.

的文化审美的形式推广互联网应用，从而实现互联网与文化的双向互动，达到二者相得益彰的市场效果。

在这样的背景下，中国的互联网文化企业可以大有作为，信息获取、商务交易、社交沟通、娱乐教育、金融产品等业务都是互联网文化企业可以涉足并进行创新的。事实上，互联网文化企业也的确已经形成了自己较为成熟的业务范围，并且具有了基本的市场规模，如何拓展自己的发展空间、提高自己的盈利增长是互联网文化企业接下来需要思考的主要问题。

（二）政策因素

企业的发展离不开良好的政策环境，良好的政策支持正是中国互联网文化企业的又一个发展优势。2014 年 3 月 14 日，国务院发布《关于推进文化创意和设计服务与相关产业融合发展的若干意见》。它格外关注数字内容产业的发展，通过发展以互联网为主体的数字内容产业创造新的发展优势，文化创意是互联网文化企业的核心业务，因此，它的实施为互联网文化企业的业务增长营造了良好的环境。

2014 年 8 月 18 日，中央全面深化改革领导小组第四次会议审议通过了《关于推动传统媒体和新兴媒体融合发展的指导意见》，明确指出，要强化互联网思维，推动传统媒体和新兴媒体融合发展，打造一批形式多样、手段先进、具有竞争力的新型主流媒体，建成几家拥有强大实力和传播力、公信力、影响力的新型媒体集团。可以发现，近年来，网络信息技术迅猛发展，推动了文化创意产业、传媒产业、广告产业和信息消费的换代升级和融合发展，而文化和科技融合的主要领域和主攻方向就是互联网。媒体业务是部分互联网文化企业的经营内容，最有竞争力的新型媒体集团一定以最新的互联网为媒介，互联网文化企业正是国家所要扶持的新型媒体集团。

2014 年 8 月 19 日，文化部、财政部、工信部三部委联合发布《关于大力支持小微企业发展的实施意见》。它明确了小微文化企业的含义，要求加强对小微文化企业创新发展能力的培育，为小微文化企业提供市场审批便利，加大财税支持，开展人才培养，提供金融服务，明确支持小微文化企业参与公共文化服务。除了 BAT 等老牌的互联网公司，大多数互联网文化企业都是小微文化企业。它们多处于创业阶段，它的实施有利于吸引更多的青年才俊进入互联网文化产业领域创业，维护并促进互联网文化企业的快速成长。

2014年10月29日，国务院常务会议研究消费扩大和升级工作，确定了6大领域消费，其中，扩大移动互联网、物联网等信息消费列为第一项。会议指出，要提升宽带速度，支持网购发展和农村电商配送。国家对互联网消费的支持有利于互联网文化企业的利润增长，互联网文化企业可以利用国家政策的红利在消费人群、消费内容、消费地域等多方面来提高自己的盈利额，进而为自己的进一步发展积累资金，实现持久而高速的发展。

二、企业的新动态

在互联网文化产业快速发展的大背景下，互联网文化企业也处于变动之中，展现出了许多值得我们关注的新动态。这些动态能够充分反映互联网文化企业的关注焦点，也反映出互联网文化企业的发展方向。

（一）移动互联网的兴盛

根据Talking Data发布的《2014移动互联网数据报告》，2014年，我国移动产业发展迅猛，移动智能终端设备数已达10.6亿，较2013年增长231.7%。从用户性别层面来看，女性用户持续增长，占比为42.2%，渐成主流；从用户年龄层面来看，80后用户占比为38.3%，成为主导力量。中国移动互联网的快速发展也使得互联网文化企业在移动互联网领域取得了显著成就。当前移动互联网已经改变了诸如交通、餐饮、服装、旅游、支付等领域。例如，LBS与打车服务的结合促使打车类应用急速增长，目前已有近百款打车软件，其中嘀嘀打车用户已突破4000万，2014年1月10日至2月9日订单总数超过2100万；线上与线下服务的结合促使餐饮、服装等行业进一步发展，大众点评、阿里、腾讯等企业相继进军O2O领域。O2O将互联网与线下实体店对接，实现互联网落地，提升用户体验，O2O的商业模式将持续不断地改变用户的消费习惯。社交与移动支付的结合更颠覆了人们对于移动互联网的认知，微信红包在短短两天时间里吸引500万用户，红包发放总量超过2000万个，移动社交支付也成为互联网金融的新战场。①

移动电商企业伴随移动互联网而发展壮大。根据易观的报告数据显示，

---

① 中国信息通信研究院（工业和信息化部电信研究院）. 移动互联网白皮书（2014年）[EB/OL]. http://www.catr.cn/kxyj/qwfb/bps/，2014-05-12.

2014 年中国移动购物用户规模突破 3 亿，增长速度超过 35%，高于 PC 购物用户 25% 的增长速度。移动购物的交易规模接近 10 万亿，增长率达到 270%。2015 年移动购物在整个网上零售中所占的比例将达 40%。2014 年，在移动端上，阿里巴巴在“双十一”和“双十二”都取得了不错的成绩，移动端的占比分别为 42.6% 和 45.8%，淘宝 APP、天猫 APP 和支付宝钱包是阿里巴巴在无线客户端的竞争砝码。作为阿里巴巴的主要竞争对手，腾讯与京东实现了“联姻”，京东再启拍拍网，欲重新打造去中心化和中心化结合的移动电商平台。与淘宝、天猫的 APP 不同，与腾讯“联姻”后的京东依靠微信和手 Q 的两大入口走“社交 + 电商”的新思路。根据最新京东和易观发布的《2014 年微信购物发展白皮书》[①]，京东的发展潜力是十分巨大的，通过购物入口的导流，京东服务号的粉丝数已达到 670 多万，并且新用户还在不断增长，不管是年轻人的比例还是高收入人群用户，微信购物的入口越来越发挥出它的价值。这对阿里巴巴构成了一定程度的挑战，但是阿里巴巴在移动电商领域凭借空前的大数据仍然保有绝对的主导地位，再加上上市之后的阿里巴巴在农村电商、跨境电商、物流等全方位布局生态圈，短时期内阿里巴巴的霸主地位是难以被动摇的。

（二）众筹模式的推广

众筹，也可以称为大众集资、众募或者众融，可以被看成是众包（crowdsourcing）和无抵押的小额捐助等微型金融的结合。所谓众包是指企业在生产或销售产品时将某一具体任务通过网络以公开的方式外包给大众。众包可以采用合作的形式，也可以由单人完成，但其前提条件是公开的方式以及大量的网络潜在劳动力[②]。众筹的缘起源于美国网站 Kickstarter。Kickstarter 创立于 2009 年 4 月 28 日，创始人是 Perry Chen、Yancey Strickler 和 Charles Adler。Kickstarter 通过互联网平台面对公众集资，致力于支持和鼓励创新性，创造性和创意性的创业项目。通过这个平台，Kickstarter 已经成功资助了从电影、音乐、漫画、新闻、视频游戏到食品领域的众多项目面。

---

① 易观智库. 2014 年微信购物发展白皮书［EB/OL］. http：//www. enfodesk. com/SMinisite/maininfo/reportdetail - id - 418623. html，2014 - 12 - 24.

② Belleflamme P，Lambert T，Schwienbacher A. Crowdfunding：An Industrial Organization Perspective［J］. Business，2010.

众筹是一种网络商业模式，基本模式是由项目发起人在中介网站上展示项目，而投资人则透过中介网站根据相关信息，选择投资项目，为某一项目或某一创意提供资金支持。如果众筹成功，项目发起人则要实施项目，之后再透过众筹平台将结果反馈投资者。如果众筹失败，则众筹平台需将已经投资此项目的投资者之投资返还。

众筹模式与电影产业的合作取得了良好的记录，但是，这种合作的前景还有待进一步发展。根据《中国文化产业发展报告（2014）》中的数据，动画电影《大鱼海棠》通过众筹融资近160万元，动漫电影《十万个冷笑话》募资超过137万元，《快乐男声》主题电影在20天内成功在众筹网上筹得501万元，创中国电影众筹融资金额纪录。依靠百度大数据支持、对接电影《黄金时代》票房及消费权益的“百发有戏”预计《黄金时代》总票房将达到2~2.3亿元。但实际情况却不容乐观，众多明星站台、国庆黄金档期做后盾的《黄金时代》首日票房仅1060万元，上映10天票房收入也仅为4310万元，最终票房仅5000万元左右，与最初预测的票房收入相差甚远，而阿里巴巴旗下“娱乐宝”投资的电影《魁拔Ⅲ》表现同样不及预期。就现阶段的众筹模式的推广而言，对于电影行业，众筹带来最大的效应还主要集中于宣传效应。但众筹模式作为一种新型的互联网商业模式对互联网文化企业的未来发展提供了新的方向。

（三）“微店”的崛起

与传统的移动电商不同，“微店”作为一种新兴的移动电商模式从产生之初就引起了人们广泛关注，成为很多互联网文化企业的选择。微店网由深圳市云商微店网络技术有限公司运营，是全球第一个云销售电子商务平台，供货商通过平台提供商品，而用户可以作为经销商在微信平台上销售，赚取佣金。微店让人们开网店无须库存，无须发货，不用处理物流，只需通过社交圈进行推广，即可从网络销售中获得佣金收入，是一种高效的网络分销模式，供应商负责发货，微店主负责推广。对于商家而言，微店的模式减轻了他们的推广负担，可以更加专注于产品的研发。对于网民来说，开微店无须资金成本、无须寻找货源、不用自己处理物流和售后。“微店”这种模式就是利用了互联网的“云技术”，为许多小微型互联网文化企业的销售推广提供了解决思路与手段。

除此之外，还有一股力量不可小觑，那就是依托微信成长起来的微信第三方服务商。据不完全统计，微信第三方平台已达到2000多家。随着大量小微企业和传统零售企业入驻微信公众平台，微商很有可能成为移动电商最大的卖场，微信也很有可能成为电商的主力战场。

无论是“微店”还是微信电商，事实上都是互联网文化产业的范畴。它们都以社交为入口进行产品营销，并依托特定群体的消费习惯、选择文化等，这种营销方式也可以被称为微营销。微营销是以营销战略转型为基础，通过企业营销策划、品牌策划、运营策划、销售方法与策略，注重每一个细节的实现。通过传统方式与互联网思维实现营销新突破。微营销是传统营销与现代网络营销的结合体。互联网文化企业需要结合自身的目标客户群，从细处入手深入挖掘客户的需求，生产销售满足客户需要的产品，如此才能在激烈的电商竞争中保有自己的竞争优势，占有稳定的市场地位。

（四）知识产权的凸显

知识产权对互联文化企业的重要越来越凸显，互联网文化企业越发重视开发、保护自己的知识产权。2014年10月，国家知识产权局发布了《关于知识产权支持小微企业发展的若干意见》，加大小微企业专利申请的资助力度，鼓励小微企业以质押融资、许可转让、出资入股等方式拓展知识产权价值实现渠道，这些都再一次强化了知识产权对于互联网文化企业的重要性。当然，仅仅拥有知识产权是不够的，还要有效地开发自己的知识产权，有效开发知识产权的方式就是形成以知识产权为核心的全产业链。互联网文化企业所拥有的各种知识产权都不是孤立的，而是可以互相沟通的。网络文学可以制作成视频，也可以成为手机游戏的故事背景，而手机游戏的线索也可以被拓展为文学故事，或者拍成网络剧集。事实上，网络文学作为IP源头之一，在资本市场中越来越受到受关注，近来，游戏与影视剧公司争抢网络小说IP，版权价飙升。优质IP非常紧缺，在市场上供不应求。在网络文学领域，腾讯已经收购了盛大文学。百度也开辟了“百度文学”的业务。网络文学成为了互联网的热门业务。网络文学得到了互联网企业的如此钟爱，是因为网络文学是一种原创的文化内容，原创的内容就意味着核心竞争力，这些原创内容可以延伸到游戏、视频等各种各样的领域。在网络文学这一产业链条上，网络文学作为上游，通过授权的方式，可以根据文学内容推出游戏、动漫、影视等一系列衍生产品。截至2014年6月，我国网络文学用户规模为2.89亿，较2013年底增加1498万人，半年增长率为5.5%。网民网络文学使用率为45.8%，较2013年底增长了1.4个百分点。[①] 巨大的网络文学市场也意味着巨大的消费潜力，以网络文学为核心的全产业链条带来了巨大的价值。

知识产权的凸显表明内容对于互联网文化企业的重要性。互联网文化企业要实现“内容为王”就必须把单一的“内容”发展为一系列的“内容链”，当然，实现这一点的前提是我们对知识产权的重视与保护。幸运的是，保护企业的知识产权已经得到了政府部门的高度重视，相关法律政策正不断得到完善。

三、企业的竞争格局

互联网加快了新旧企业之间的更新换代，互联网文化企业之间的竞争是十分激烈的，只有抓住发展机遇，选择正确发展方向的互联网文化企业才能在激烈的竞争中生存下来。当前互联网文化企业之间的竞争格局以集团化竞争为主，伴有其他中小企业在特定领域内的竞争，这是一个具有鲜明的互联网产业模式的竞争格局。

（一）“旗舰式”的集团化竞争

当下，BAT这三家互联网公司占据了互联网文化产业的主导地位，这三家公司作为强势的互联网公司利用自己的资金优势和互联网平台进入文化产业领域，占有了互联网文化产业的主要市场份额。BAT三家公司总市值达到3.5万亿~3.8万亿。这三家公司中，百度本质上是广告公司，广告占其营收的85%。腾讯游戏收入占54%，广告收入占8%左右。阿里巴巴提供虚拟空间，阿里巴巴最近收购了很多文化公司，成为了中国目前门类最齐全的文化企业，从数字电视到网络视频、电影、体育、艺术品拍卖等，阿里巴巴的平台无处不在。做游戏的腾讯可以做到1500亿美元，所以我认为数字文化产业，到2016年会占到市场总份额的70%左右。传统媒体（新闻出版、广播电视）和工艺美术、娱乐设备、玩具等文化制造业和文化艺术衍生产品等大概

① 数据来自中国互联网络信息中心. 第34次中国互联网络发展状况统计报告［EB/OL］. http://www.cnnic.net.cn/hlwfzyj/hlwxzbg/hlwtjbg/, 2014-07-21.

占20%左右，再加上新发展的创意农业、文化产业、文化旅游等体验经济，合起来会占30%左右的市场份额。但这个格局会进一步的变化，将来互联网文化产业会占85%左右的市场的份额，其他文化产业只占剩下15%左右的市场份额。因此，互联网文化企业的竞争格局是BAT三家公司独大。除了这三家公司，其他企业都属于中小型企业，占有某一个领域的市场份额，根本无法与BAT进行同类竞争。

这三家主要的互联网文化企业通过并购、入股等方式不断扩大自己的经营范围，只要某一家企业有好的创意，并且具有市场前景，这三家企业就可以凭借资金优势收购它。事实上，小型企业也十分愿意被BAT等大企业收购，因为这可以解决小企业的资金困难问题，依托于大企业也有利于业务的快速扩展。我们发现，现在企业结构发生了巨大变化，以前如果谁跟腾讯竞争，腾讯就把它击垮，腾讯现在是把好的企业当做合作伙伴，通过并购等方式实现企业联盟。也就是说，对于BAT而言，他们收购了很多中小型企业，从而组成了大的企业集团，这些中小型企业以BAT为核心，围绕BAT展开自己的业务，我们可以把这种集团化的竞争形态形象地描述为舰队式结构。

（二）线上与线下的整合竞争

线上与线下是互联网文化企业的两块竞争领域，而互联网文化企业的竞争策略就是把线上与线下整合在一起进行竞争，可以说，互联网文化企业的典型特征就是对线上与线下两个平台的整合。在线上进行营销、宣传、推广，然后将客流引到线下去消费体验，实现最终的交易；在交易完成之后，线下的用户再通过线上平台反馈消费体验，并且在线上交流，从而实现了由线上到线下再返回到线上的整个营销过程，这即被称为O2O模式。电影票的网络售票方式就是互联网文化产业中典型的对线上与线下两个平台的整合。如今，在电影院的售票柜台外，人们总是能够看到大大小小各种颜色的网络售票机。2014年以来，在线购票市场迎来更大幅度的增长，比如微信电影票在线选座业务月销售额达10亿元，淘宝旗下猫眼电影截至2014年8月底，销售额达到50亿元，独立购票网站格瓦拉电影2014年的销售额也已超过15亿元。以移动电商为例，无论是从京东的“6·18”大促销，还是年尾的“双十一”，移动互联网电商销售已经非常火热。数据显示，在日常生活中，移动电商不论是周六还是周日，都和平时一样，没有出现明显的波动。但线下的客流完全不同，一般周末是高峰，周一是低峰，分布非常有规律。O2O 模式的普及得益于移动互联网的成熟，移动互联网从技术上使线上与线下之间的互动转换成为可能，人们利用手机等移动终端可以随时随地查收线上信息，然后进行即时消费。

传统的文化产业缺少线上平台，而互联网文化企业必须懂得移动环境下的线上模式，进入线上平台是互联网文化企业的基本要求。所有业务都可以在线上与线下展开营销，这也带来了产业链嫁接模式的变革。比如手机游戏，很多手机游戏的主题来自线下的动画片或主题公园，另外一些手机游戏也可以成为线下的主题公园。比如愤怒的小鸟，这款游戏正在做主题公园，接下来做动画电影，它就可以变成大的产业链。利用线上还可以实现多种经营的同步，在销售主要产品的同时我们可以在其中植入广告，形成系列化的营销行动。线上营销一般采用会员制的模式。通过移动互联网把全国各地的人整合成会员，会员可以是线上的或线下的，线下的会员可以随时通过线上平台被召集在一起进行一些活动，例如健康旅游，而线上会员除了进行线上消费以外也可以被带入线下的消费活动之中。

所以，对于传统的文化企业而言，线上与线下是一种相互竞争的关系，但对于互联网文化企业而言，可以把线上和线下两个领域整合在一起作为一种统一的竞争资源。我们看到，基本上所有的互联网文化企业都是在线上与线下这两个领域同时展开竞争的。

（三）内容与平台的发展与竞争

内容与平台这两个不同的领域也是互联网文化企业展开竞争的主要场所。对于互联网文化企业而言，内容和平台都十分重要，但在实际竞争中，不同的企业选择了不同的竞争优势，有些企业在内容方面做得比较好，另一些企业拥有强大的平台优势。

视频网站在内容方面具有较大的竞争优势，原先中国的视频网站主要是平台定位，播放电视台的节目、电影等已有的作品，但近几年来，以优酷、爱奇艺、搜狐视频为代表的视频网站已经不再是简单视频播放平台，它们也制作自己的网络视频。各大视频网站都加大了内容自制的力度。网络自制剧的增多有诸多方面的原因，强势的电视台开始培育自己的网络传播渠道，减少出售自制节目版权，这逼迫视频网站要制作自己的视频内容，国家版权保护力度的增强以及对海外剧的限制也使得视频网站拓宽自己的产品空间。在这一形势下，各视频网站都把自制节目作为发展的重点，明星、金牌制作团队都加入自制剧的制作中。根据《中国电视剧产业调查报告（2014）》，2014年的网络自制剧数量超过了之前数年累计数量总和，而2015年卫视综合频道黄金时段电视剧容载量将较2014年下降约25%，搜狐的《屌丝男士》系列、优酷的《万万没想到》系列、爱奇艺的《废柴兄弟》系列都取得良好的市场反应，积累了大量的粉丝，成为出色的网络自制剧集。

另外，一些社交、支付、生活服务类的互联网文化企业则在平台方面占有较大的优势。在社交领域，微信等新型移动即时通信产品的问世不仅丰富了短信、电话的内容与表现形式，更融入了新闻咨询等各类生活信息，从而打通线上线下，深刻影响生产生活，推动互联网文化产业的发展。在移动支付领域，移动支付逐步推动移动电子商务、移动办公等商务的发展，支付宝、财付通等移动支付应用让人们意识到移动互联网不再只是休闲娱乐的平台，而且也是一个支付平台，在安全、便捷的前提下，移动支付很有可能取代银行卡，成为居民日常生活的主要支付手段。

当然，任何互联网文化企业都不可能只做内容或只做平台。平台与内容是互联网文化企业都会涉足的。因为没有平台，内容就不可能得到展示；没有内容，平台也不可能吸引人们参与，内容与平台是不可分的。但是，不同的互联网文化企业在内容与平台二者上的优势是不同的，有的企业内容做得好，有的企业平台做得好，所以，最佳的竞争策略是首先要占有一个内容或平台优势，然后再尽可能的弥补自己另一方面的不足，这样，企业可以凭借自己的优势内容寻找合适的平台伙伴，也可以凭借自己的优势平台吸引好的内容。总之，互联网文化企业必须至少占有内容与平台的一方优势，如此才能生存发展。

四、企业的创新发展

创新是互联网文化企业的发展动力，一个没有创新的互联网文化企业很快就会被市场所淘汰。由于互联网是以用户为核心的即时性平台，创新可以为互联网文化企业带来新的市场关注，吸引更多的用户，抢占新的市场领域，因此，我们必须关注互联网文化企业的创新发展。

（一）新媒体的创新趋势

新媒体主要就是指以BAT为代表的互联网企业。百度、腾讯、阿里巴巴分别在搜索、社交和电商领域确立了自己的优势，原本它们都主要是互联网公司，并且以平台为主要优势，但现在它们将平台与文化产业相结合，带动了互联网文化企业的创新趋势。例如，在电影的营销环节，按照一部电影的常规营销模式，海报宣传、落地活动、户外广告是很重要的几块营销投入，但是随着互联网的发展，网络营销已经开始取代传统媒体，成为娱乐产品营销的主要战场。例如，《失恋33天》以900万成本换来3亿票房，完全归功于成功的互联网营销，也成为很多小成本国产电影的效仿对象。新媒体纷纷进入电影等文化娱乐领域，新媒体所具有的互联网平台优势可以提供新的营销途径、广阔的受众群体、准确的客户信息，从而创新文化娱乐产品的营销方式。运营粉丝、建立口群、形成社群、创造话题、输出内容、与受众互动已经成为了电影互联网营销的主要内容。与此同时，电影公司更乐于开发那些拥有版权（IP）的网络小说作为电影剧本的源头，原因是它们已经拥有庞大的粉丝群落。2014年12月19日，咪咕文化科技有限公司在“2014中国移动全球合作伙伴大会”正式亮相。会上，中国移动与来自各地的专家、合作伙伴共同探讨了移动互联网及新媒体的创新发展，并介绍了即将实施的五大发展举措，包括优化商业模式、提升服务能力、保护正版、扶持原创、吸引和激励渠道。为了适应当下的新媒体环境，咪咕公司将立足于打造传统媒体和新兴媒体融合发展的新型平台，整合各类资源，包括音乐、视频、阅读、游戏、动漫五大内容。新咪咕公司还将借助4G技术为用户提供多渠道的终端产品。此外，众筹平台也是新媒体发展的一种趋势，新媒体的发展、社会网络、物联网、云计算的广泛应用，使得每一个人都能在很短的时间内接触、发布和获取大量数据和信息，数据规模、数据种类正在以指数的形式爆炸增长。通过众筹，创意项目发起人能够根据投资人的身份获得客户年龄信息、性别信息等，如果妥善利用这些客户需求数据，则能够掌控产品市场。

总体来看，新媒体的创新最重要的是先把握住企业和用户之间的需求，尤其是撮合交易平台，搞清楚服务者和被服务者之间的需求，只要有机会抓住用户，就能够搭建平台，这样才能够有机会往下一个阶段去发展。再者就是要重视经营，像“饿了吗”这样一个由小团队运营的企业现在与美团并推，关键就是着重经营体系的搭建。在移动互联网里面，每个人都是产品经理，每个人都是服务者。新媒体的经营往往小口径切入，讲究“窄”；细分领域十分重要，在细分领域内注重“深”，意思是一定要对用户的需要有深切理解，做得越深入越细致越好。

这些变化都源于新媒体所带来的商业模式创新，新媒体改变了传统文化产业生产、销售文化产品的方式。互联网文化企业利用新媒体的应用可以以全新的方式寻找目标客户，以全新的方式营销文化产品，以全新的方式筹集资金。

（二）BAT与商业模式创新

2014年是移动电商发展最快的一年，也是BAT竞相布局最激烈的一年。从微信官方推出的微信小店，到百度吆喝的直达号，再到支付宝力推的服务窗，无不昭示着巨头们在布局和抢占入口上的野心。BAT主要是以做平台为主，他们的成功展示了现阶段“平台为王”的商业模式，这三家公司现在同质化越来越严重。它的同质化就是把能够搬到网上卖的产品都放到现有的平台上销售。移动互联网的发展让BAT等互联网文化企业能够在电商平台上为市场提供非标准化的服务。人们能够随时随地通过线上平台反馈自己的消费需求，线上平台在处理需求信息的基础上在线下为消费者提供服务。人们的文化需求大多是非标准化的需求，这些需求容易变化，本地化与多样化的特征明显，消费者需要在线下特定场景进行选择消费，很难实现标准化。在PC互联网时代，这种非标准化的需求是很难满足的，但是移动互联网的移动线上平台让文化这类非标准化的需求可以通过O2O模式得到满足。

BAT所采用的商业模式主要就是O2O模式。它们通过采用O2O模式利用了现有的平台优势，然后把自己的业务成功的拓展到线下的各个领域，把线下的东西拿到线上来做，从而把很多传统的业务都变成了互联网业务，发挥了互联网平台资源的最大价值。当下发展火热的互联网金融产品就是一个很好的例子。在阿里巴巴推出余额宝大获成功的带动下，百度百赚、腾讯理财通、网易现金宝、苏宁零钱宝、京东小金库等基金类的互联网理财产品层出不穷。截至2014年6月，余额宝推出一年以来，交易规模已达5741.6亿元，用户规模超过1亿，成为国内货币基金行业第一；理财通推出两个季度以来，交易规模接近1000亿、日均流入资金量平均超过7亿元，用户规模超过800

万。据估计，目前我国互联网金融理财市场规模接近8000亿。在其带动下，我国货币基金的整体规模已逼近2万亿，与2013年同期相比，增幅超过150%。[①] 互联网金融产品的出现为人们投资提供了一种新的选项。区别于传统的金融理财产品，互联网金融产品往往门槛较低，操作更加灵活，收益率较为合理，特别适合投资金额少的普通人，能够为用户带来实实在在的利益，因此，互联网金融产品的市场规模在短时间内实现了快速增长。值得注意的是，互联网金融产品往往与移动支付服务结合在一起，互联网金融产品的购买者一般也就是移动支付应用的习惯客户群。因此，互联网金融产品的提供者恰恰就是一般的互联网企业，互联网企业将互联网思维与金融理财服务相融合，与金融企业合作，打造出了具有鲜明互联网思维的金融理财产品。阿里巴巴的余额宝将第三方支付与货币基金理财产品深度结合，支付宝兼具流通购物和投资增值功能。余额宝设计之初是为解决支付宝沉淀资金带来的监管成本。它以淘宝电商平台作为用户流量入口，以支付宝为服务平台，为支付宝客户的余额提供便捷的理财服务，同时兼顾网络金融与电商融合的用户体验；资金主要由天弘基金完成货币基金的投资管理，投向低风险的银行存款和结算备付金，第三方资金托管由中信银行承担。腾讯理财通，以社交应用为基础，将投资理财嵌入移动O2O生态体系，与嘀嘀打车、电影票、美食团购、微信红包等功能相结合，形成以社交和移动支付为核心的业务链。

（三）垂直领域的经营创新

在诸多互联网文化企业中，BAT三家公司处于主导地位，但随着移动互联网的发展，一些企业利用垂直平台也取得了自己的经营优势，垂直平台成为一种独特的平台运作方式为许多中小型互联网文化企业提供了发展机遇。所谓垂直平台，区别于BAT这些以覆盖面广、种类多而取胜的平台模式，而是占据某一个细分的垂直领域，为特定的、有针对性的客户提供服务，重在挖掘特定客户群体的需求，借助移动互联网深入特定用户群体的生活的方方面面，蘑菇街、美团网、大众点评网、陌陌都利用了垂直平台的经营优势。本地生活服务市场的赶集网和大众点评网在PC客户端的发展并不突出，但在

---

① 宋恺. 互联网金融理财类产品的创新发展［EB/OL］. 中华人民共和国工业和信息化部. http://www.miit.gov.cn/n11293472/n11293832/n15214847/n15218234/16116937.html，2014-08-28.

移动互联网时代，分别在服务类信息的细分领域中进行深入延伸，取得了良好的成绩。今后会有非常多的专业垂直频道。专业垂直频道需要具有品牌影响力，要有个性化，产品要独特，同时，又用垂直网站的方式来销售。它跟新媒体合在一起形成线上线下的垂直经营。做垂直经营的互联网文化公司会跟明星经济结合，明星代言产品，把明星粉丝导入这个垂直网站中，就形成了销售的模式。

垂直平台聚焦于细分市场，对行业和产品的理解更为深刻，因而也更容易做出特色，满足某一类用户群体的个性化需求，而人们的文化需要一般是千差万别的，而且会有很强的地域性、群体性特征。因此，垂直平台事实上十分符合文化消费领域的需要，可以根据不同的文化群体或不同的地域文化开发有针对性的垂直平台，就某一细分的特定客户提供各种延伸性的文化产品。所以说，垂直平台可能会成为互联网文化产业发展的有一个亮点。未来导购类、垂直类的平台要体现本身的差异化，积累用户对平台的信任和使用习惯。当人们形成在平台上分享自己的消费心得的习惯，这种平台就会变成一种购物的决策平台，这个时候盈利模式就会更加的多样化。

五、企业的并购与上市

2014 年 3 月，文化部、央行、财政部联合发布了《关于深化推进文化金融合作的意见》，要求完善文化金融中介服务体系，推进文化金融在重点领域的实施，重视金融支持小微企业发展，推动文化企业直接融资，创新金融服务组织形式。这些意见都为互联网文化企业在金融领域的活动提供了良好的条件。我们发现，当前互联网文化企业在金融领域是十分活跃的，企业的并购上市活动十分频繁，显示了互联网文化企业的生机活力。

（一）企业的并购

据 Wind 数据统计，2014 年以来，国内公司共发生 169 起文化传媒行业并购，包括影视、游戏、广告、出版、有线和卫星电视等子行业，涉及资本约 1605 亿元。这意味着，几乎每隔一天就发生一起文化传媒公司并购。按月度来看，8 月、12 月并购尤为活跃，月度并购案分别达到 22 起、19 起。这些并购多发生在与互联网文化产业相关的领域，并购对象也大多数为互联网公司，并购方也多是互联网公司。2014 年，BAT 三家的投资举动更加频繁，上半年，BAT 三家宣布的投资收购事件超过 20 起，其中半数金额在 1 亿美元以上。2014 年，BAT 对创业企业的资金投入也远超互联网企业 IPO 募集的资金。逐鹿网根据公开资料整理的数据指出，2014 年总计有 94 家公司与 BAT 发生资本关系，涉及资金在 150 亿 ~180 亿美元之间。相比而言，除阿里巴巴和京东以外，2014 年 13 家互联网中概念股上市募集资金的总额仅 34 亿美元。预计在移动互联网格局尚未稳定的情况下，产业资本为主的这一态势还将持续。

2014 年，影视传媒领域是并购活动发生的主要领域，目前来看，大部分互联网文化企业都属于中型或小微型企业，它们属于被并购方。对于这些中型和小微型企业而言，并购活动可以帮助它们筹集资金。当然也有像百事通、东方明珠这样的大型传媒企业，通过并购合并形成了具有国际竞争力的大型传媒集团。百视通以吸收合并东方明珠的方式实现了两家上市公司的合并，合并后，公司总市值有望达千亿元。大型互联网企业通过投资、并购，巩固、增强了自己的竞争力，并且给极具创新精神但暂时又缺乏盈利能力的新产品和新服务的开发提供了不竭动力；被并购的企业也从并购中获得资金支持，以此来进一步发展自己的业务。从这个意义上讲，当下互联网文化企业之间的并购活动是良性的，符合并购双方的利益，有益于双发的长远发展。

（二）企业的上市

2014 年是互联网文化企业上市活动十分活跃的一年，阿里巴巴赴纽交所 IPO 更是成为了人们的关注焦点。京东、微博、陌陌、聚美优品、蓝港互动等互联网企业纷纷上市，累计募集了超过 300 亿美元的资金，上市公司市值超过 3000 亿美元。除了这些大型企业值得关注外，一些文化企业选择了新三板，中小文化企业通过新三板提升了自身的市场价值，扩大了自己的市场影响力。

另一点值得注意的是，许多互联网企业选择了海外上市。海外上市可以为企业提供更加广阔的资金来源，尤其是企业在美国资本市场上市，可以有效解决企业的资金问题，同时也大幅提升了企业的知名度和影响力，有利于企业的创新发展和业务拓展。近期阿里巴巴的上市就是典型的代表。从这个角度看，海外上市是有利于中国的互联网文化产业的发展，但是另一方面，海外上市也会对中国互联网文化产业的发展产生消极影响。海量的用户数据、经济社会运行数据是互联网企业的最重要的竞争实力，而境内互联网企业海外上市可能会因受上市地法律法规约束，从而造成自身所掌握的数据难以得到有效的保护，构成数据控制权的流失、数据外泄等安全风险。此外，海外上市也使得国内的股民难以投资这些优秀的企业，从长远看，阻断了互联网文化产业在国内的持续发展，导致广大民众无法分享我国互联网行业的发展红利，从而打击了民众对本国互联网文化产业发展的支持与信心。

六、挑战与展望

总的来说，互联网文化企业的发展前景是光明的，虽然也有很多问题存在，但企业的发展面向是利好的。在新的发展阶段，互联网文化企业需要关注以下几个方面的挑战，积极创新，在移动互联网的时代占有发展先机。

（一）传统文化企业的出路

传统文化企业是许多互联网文化企业的前身。传统文化企业在互联网的冲击下必须考虑如何实现自身的转型，因此，无论从哪个角度看，传统文化企业都需要拥抱互联网，只有把传统的文化产品带入互联网之中，传统文化企业才会有出路。但是，传统文化与互联网文化相结合是有困难的，在形式上，传统文化形式难以在互联网等现代媒体上进行传播，互联网等现代媒体强调即时性、互动性、刺激性等传播特征，而传统文化则一般看重积累性、继承性、柔和性，因此要以互联网的形式传播传统文化的内容就需要调和二者的矛盾。

解决问题的关键就是按照互联网的运作思维重新构造传统文化产业的商业模式。互联网要求各个行业的企业变革旧的运营和业务模式，同时还要更灵敏。首先，必须胸怀远大目标和明确战略进行数字化转型。互联网市场瞬息万变，随意性试验或是毫无规划的数字化举措并不可行。客户群是互联网的关键，因此要特别专注于客户端的开发与客户群的积累。其次，企业还需要着力于将互联网技术融入原有的产品之中，从而适应互联网的生产、传播需要。公司必须要借助互联网技术实现自己的转型目标，并且制定涵盖领导、人才、观念、文化、流程和组织结构的全盘互联网战略。大数据是互联网的鲜明标志，因此，整合大数据是任何一个要进入互联网文化产业的公司必须思考的问题，虽然整合大数据对于刚刚开始的企业比较困难，但是它能帮助企业优化决策、改善资源分配，以及更好地倾听客户意见。大数据能否得到有效利用取决于是否秉承持续试验的心态，以及源源不断的人才来设计试验、分析日益多元化的大量数据和创建有说服力的直观图形和故事，帮助决策者更有效利用分析结果。在电子商务高速发展的背景下，企业必须制定灵活的多渠道运营模式。互联网开创的透明化定价压缩了利润空间，精益化变得极为关键。打造线上线下的整合平台不仅对客户很重要，对公司的整个运营效率也极为关键。互联网对于传统文化企业是挑战，但也是机遇，只要企业能够抓住当下的发展趋势，审时度势，改变自己的经营方式，搭上互联网的班车，就能够在市场竞争中占有一席之地。

（二）国有企业的转型

互联网开启了激烈竞争的新时代，互联网孕育了全新的“共享经济”，消费者从买车转为拼车，从住酒店到租房间等。互联网带来的这些变化都有可能瓦解原有行业。电视、电影、报纸等很多传统的文化企业都是国有企业，这些国有企业在互联网时代面临着严重冲击，原先它们依赖于政策优惠与既有的市场资源，但在以消费者为主导的互联网经济中，只要没有让消费者满意的产品，这些国有企业就很可能被新兴的企业所代替。

互联网让各个行业之间的界限日益模糊，竞争可能随时从某个意想不到的角落出现。比如一大批新兴技术公司进入金融服务行业，直接挑战传统的国有金融机构。阿里巴巴的余额宝是一个与其互联网支付平台支付宝链接的货币市场基金，由于其收益更高，很快就吸走了大量银行储蓄。有些案例中，新兴的技术企业往往比传统的领先企业更善于通过挖掘数据以提升其市场洞察力和竞争优势，后者则会选择收购新兴企业或与之合作来实现跨越式发展。互联网赋予了新兴企业迅速进行低成本扩张的能力，一举甩掉老旧体系和“通常做法”的包袱。过去，销售网络需要数年才能搭建起来，如今几乎一夜之间就能完成。这样一来，竞争将会激化，新赢家可能从各行各业涌现出来。大型传统文化企业——包括国有企业，必须适应这样的挑战，否则就会陷入困境。企业领导人必须对此认真对待，因为他们制定的决策将彻底改变公司的经营方式。这些转型也可能需要技术和其他投入，短期内影响企业的成本结构，但赢家将在未来获得巨大效益。

（三）广告传媒企业的机遇

传统的以报纸、电视为主要媒介的广告传媒企业在互联网时代也面临新的机遇。对于广告宣传，我们以前说是“无处不植入”，在传统传媒中，我们只能在电影、电视节目里面植入广告，但在移动互联网时代，情况变成在广告里面植入一点电影，现在微电影和微视频可能都是为了植入广告而存在的，所以广告可以成为核心，故事情节可能是它的植入要素。

在中国主流媒介中，电视广告和报纸广告的收入市场份额从2009年开始出现明显的下滑态势。2011年，网络广告的收入超越报纸广告的收入；2013年，网络广告收入则超越电视广告收入，网络媒体成为第一大广告收入媒体；2014年，网络广告的收入份额还将继续增长，而电视则在继续下降，网络广告的收入份额将继续显著领跑市场。

现在的网络广告主要以效果广告为主，以大数据为依据的精准广告是网络广告的重要发展驱动力。360公司的点睛系统、腾讯的广点通等新的以大数据为基础的精准广告势力正在快速崛起，其市场地位已经跟传统的门户相当。游戏和电商是这些精准广告系统的主要客户群，随着这些客户群的进一步发展，以及精准广告系统在大数据方面的进一步发力，我们有理由相信，这些以大数据驱动的精准广告势力将成为网络广告市场最为重要的变革和发展的驱动力。

手机移动广告是互联网广告的另一个重要组成部分，与传统的媒体相比，手机广告具有受众基础广、针对性强、互动性好等特点。微博、微信等社交应用是手机广告的重要载体，这些社交应用在已经积累了大量用户群的情况下，开始投放广告，以此取得广告收入。除了社交应用，视频、游戏都是手机广告所利用的传播媒介，手机广告与一些线上平台相结合更容易引导客户即时消费，上文所说的O2O模式、垂直平台等往往就是与手机广告结合在一起的。经过几年的移动广告市场培养，也得益于手机网民的增加、手机上网时间的延长、使用范围和频率的增加，越来越多的广告主看好手机移动广告，并加大在手机移动广告的投入。可以说，手机广告的发展前景是令人期待的。

（四）艺术品的线上业务

艺术品市场与互联网对接可以降低交易成本和增加透明度，增加市场的竞争性和流动性，因此，很多艺术品公司瞄准了这一契机进军互联网，同时，也有一些互联网企业开始在线上进行艺术品销售。苏宁易购和国美在线几乎同时开设了在线艺术品的相关频道，希望在这个市场分得一杯羹。苏宁易购号称将以此为开端，逐步上线3C、家电等日常消费品拍卖专区，而国美在线的“国之美”则提出打造“时尚生活艺术品第一交易空间”，为买家提供更多相关资讯及定制艺术品的个性化服务。淘宝也开始了线上艺术品拍卖的业务，利用互联网进行艺术品销售。这些都是互联网企业的新举措，而一些艺术品公司也看到了挑战与机遇。例如，北京皇城艺术品交易中心有限责任公司就是一个集艺术品交易、评估、鉴定、专业保管、展览展示等多种商业形式为一体的艺术品交易机构。它已经开始进行艺术品的网上销售与拍卖，逐渐丰富的交易模式更是推动着艺术品与互联网的合作，互联网和艺术品交易的跨界融合已是大势所趋。

现有的艺术品网站大体可分为四类，即资讯类网站、个人或企业机构类网站、在线交易类网站以及许多网上收藏艺术沙龙网站。利用互联网在线交易艺术品的方式主要有：一是拍卖网站，将作品确定最低价或无底价后进行在线拍卖；二是艺术家与网站合作，在网上直接买卖交易，卖出后分成；三是网上画廊，一些线下画廊往往都开设有自己的网站，通过网站来宣传藏品，推介画家，并进行远程邮购或直接买卖。

互联网在一定程度上会使艺术品市场脱媒，有助于艺术品市场的全球化和大众化。而线上平台产生的浏览、论坛和交易等大数据可以为机构研究客户的行为和艺术品市场的运行规律提供重要的分析依据，由此捕捉到新的市场机会。[①] 但是艺术品在互联网上的交易还不成熟，艺术品物流和保险系统的不完善是互联网艺术品市场所面临的主要困难，鉴定真伪是整个艺术市场面临的主要矛盾，在互联网上这个问题更加突出。此外，艺术品电商的在线支付系统建设和担保能力也是个大问题。所以说，对于互联网文化企业而言，艺术品的线上业务仍然是一个刚刚起步的项目，其蕴含着巨大的商业价值与市场空间，有兴趣、有能力的互联网文化企业可以在这一领域一试身手。

总之，只要互联网文化企业在移动互联网的大背景下，依托于良好的政

---

① 新浪财经. 互联网玩转艺术品金融［EB/OL］. http：//finance. sina. com. cn/money/lczx/20141105/021720732068. shtml，2014－11－05.

策支持，把握住用户的市场需要，选择正确的商业模式，坚持创新性的发展方向，他们的发展前景是不可估量的。中国文化企业的新希望就是这些蓬勃发展的互联网文化企业，也是未来中国文化产业经济的中流砥柱。

陈少峰

北京大学

徐文明

中国海洋大学

侯杰耀

北京大学

第二章　传统文化企业触网

传统文化企业作为文化市场的中坚力量，面临新时代互联网的冲击，在2014年积极触接PC互联和移动互联，寻找生存的新空间。电视、电影、报刊、广播、文化旅游等领域的文化企业，顺应2014年的互联网大趋势，不被新媒体网络同化。

一、传统文化企业触网现状

传统文化企业，指的是以传统文化产品或服务为产出物，通过传统传播渠道到达目标消费者的企业。互联网的风行对传统文化企业既是机遇又是挑战。传统文化企业在国家促进媒体融合的战略、优质传播内容的双向保障下，有了触接互联网更多的空间。同时，在互联网快餐文化的冲击下，主打深度、品质发展的传统文化企业，缺乏新型的平台和渠道，因此文化消费品的提供和服务有限，其发展显得步履维艰。传统文化企业触接网络已成为大势所趋，如果不加紧前进的步伐更易被新兴的互联网文化企业取代。诚然，传统文化企业触接网络的进程，需要更深刻的触网过程分析，无论是PC互联还是移动互联，传统文化企业触网是整个企业互联网思维的重构。“传统企业触网大致会经历如下四个阶段——传播层面：网络营销；渠道层面：电子商务；供应链层面：C2B；价值链层面：互联网思维重构。”①

（一）电视企业新型“台网互动”

在新媒体的冲击下，“台网互动”是电视突围新媒体的一种方式。近来，以电视与新媒体合作的新型“台网互动”更是备受关注。2014年，《舌尖上

---

① 赵大伟. 互联网思维独孤九剑［M］，“传统企业‘触网’的四重境界”，北京：机械工业出版社，2014.

的中国2》、《鲁豫的礼物》、《女神的新衣》等多档节目和电视剧《何以笙箫默》已经开始尝试将注意力转化为经济效益，即与电商合作的“T2O”（TV to ONLINE）营销，电商平台开通官方店，同步出售节目中相关或专属定制产品。

1. 电视剧T2O新营销行为

电视剧是家庭的艺术，可一直饱受“叫好不叫座”的争议。通过T2O的新盈利模式，却能改变这一现状。

（1）电视剧发力T2O营销

2015年，东方卫视开年大戏《何以笙箫默》初次触碰网络销售。其电视剧T2O营销方式为，观众如果看中剧中人物的服饰等，只需通过天猫客户端扫码东方卫视台标，便可在天猫专区内看到电视剧中主人公的同款服饰，实现了“边看边买”。东方卫视作为传统电视企业，敢于和互联网企业合作，并列入天猫“摘星计划”① 的第一星。

电视企业发力T2O营销，也是得力于看到互联网的巨大商业潜力。阿里巴巴旗下的天猫商城在2014年“双十一”期间全天交易额571亿元。

（2）电视剧触网催化东方卫视转型

SMG影视剧中心主任王磊卿在2014年曾公开表示，电视传媒必须背靠自身平台优势，拥抱互联网思维，加快媒体融合，打造新局面。2015年是电视观众从“看电视”走向“玩电视”的全新观剧体验的一年。“一剧两星”限制了各大卫视对电视剧播出数量，而“边看边买拓展屏幕”的T2O模式，推动着东方卫视的前进。

2014年，台网融合的深入，实现了播出渠道互联网化，节目内容制作互联网应用，电视剧播出互联网思维。东方卫视一系列的触网行为，电视剧的T2O营销，电视节目的边看边买，催化着东方卫视向触及全媒体的电视企业转型。

2. 电视节目借力APP进行互动

电视步入了3.0时代，电视节目也开始了新的尝试。2014年，《中国正在听》利用微信“摇一摇”功能直接为选手投票。据公开资料显示：《中国正

---

① “摘星计划”，是阿里巴巴与各地电视台合作推动新式互动购物方式。

在听》前四期参与“摇一摇”互动的数据，分别是122.8万、256.97万、491.6万和510万①，APP促进了电视节目与观众的多屏互动。

APP互动取得成功是基于其广大逻辑数据。据We Are Social公司（全球最大社会化媒体传播公司）数据显示，月活跃社交用户数已经超过了20亿，同比增长了12%。而移动端的月活跃社交用户数则超过了16亿，占世界总人口数的23%。可见，移动端的社交APP也成了电视节目可用的互动工具，有着强大的数据基础。

3. 触网助推电视企业前进

2014年3月15日，上海文化广播影视集团（SMEG，即“大文广”）和上海东方传媒集团（SMG，即“小文广”）进行重新组合正式挂牌。两公司合并后，更名为上海文化广播影视集团有限公司，合并后的公司预计2014年和2015年净利润将分别达到23.94亿元、27.47亿元。可见，除了高标准的内容和雄厚的资本，上海文化广播影视集团有限公司也是电视企业敢于在网络时代变革的先锋者。这一系列的触网行为都是电视企业积极运作的战略显现。在2015年，上海文化广播影视集团有限公司的传媒航母正式起航前进。

（二）电影企业O2O模式

2014年，全国票房296亿，国内电影票房收入占150亿左右。根据艺恩咨询《2014中国电影市场影响力研究报告》数据显示，2014年中国电影市场O2O出票量渗透率达到39%，相较2013年增长了23个百分点。即中国电影票在线销售的全部市场约60亿，而且国内电影票房每年增幅在30%左右。可见，我国的电影市场仍有很大的发展空间。电子商户通过低廉的票价，进行O2O售票，培养了很多新的电影用户，尤其是售前选座行为改变了很多用户的购买习惯。传统的电影公司亦在包罗互联网的线上线下，奋力营销。

1. 电影的网络预售行为

以2015年的贺岁档为例，大众点评、美团旗下的猫眼电影、百度电影、微信、格瓦拉等电影O2O平台，纷纷推出特价电影票争夺票房和观众。这种激烈网络售票以及预售票的竞争行为，也给予了传统媒介电影一个触接网络的重生机会。

---

① 央视网 http://1118.cctv.com/2014/11/21/ARTI1416537276969287.shtml，2014-11-21

（1）电影预售解析

电影预售指的是在电影上映之前通过网络 O2O 平台提前售票，用户可以通过客户端提前选择观影的位置。2014 年国庆档电影《心花怒放》通过网络预售行为，为电影与 O2O 平台带来了双赢营销。在线售票，吸引电影新用户，上座率提升，票房收入增加，为电商平台带来很好的口碑效应，也为电影的生产类型、制作和发行环境提供参考数据。互联网催化着传统电影的改变。

（2）电影 O2O 的困与乏

新生的互联网公司面对庞大的流量吸引力，通过疯狂的融资行为，试图绑定用户与平台间的牢靠关系。但是这种依靠低廉电影票价的销售，长期则会给电影带来很大的困境。其实，对于传统电影公司而言，在面对 O2O 平台的厮杀之时，更应该好好利用互联网销售行为，在垂直领域和闭合领域与平台进行合作，营销电影。

2. 电影的网络营销

电影业数据研究公司艺恩咨询发布的《2014 中国电影市场影响力研究报告》显示，2014 年中国电影营销费 36 亿（占全国总票房的 12%），同比增长 24%。而网络广告是网络文化企业生存的基础，即使在今日，网络广告的营销作用仍不可小觑，广告展现方式的变化是人类沟通双向化的体现。电影的网络营销成为电影企业力争前进的新手段。

网络营销不单单指网络广告投放量的加大，而是更本质的营销——用合适的方式直指目标用户的营销。网络营销是网络传播时代的产物，指以互联网为媒体，并用相关的方式、方法和理念实施营销活动以更有效地促成个人的组织交易活动的实现。① 随着电影市场竞争越来越激烈，《失恋 33 天》、《人再囧途之泰囧》、《西游·降魔篇》等电影开始尝试使用网络营销模式，出人意料地取得了较好的票房成绩。2013 年，由华谊兄弟和中影参与出品的《西游·降魔篇》，充分利用网站营销、搜索引擎营销、微博营销等，进行全方位网络营销。

2014 年，韩寒导演的《后会无期》可谓全年移动网络营销典型。它除了利用微博中的大 V、粉丝进行推广，还把营销做到了拥有 3.5 亿用户的 APP

① 郭国庆主编. 市场营销学通论［M］. 北京：中国人民大学出版社，2009.

有道词典的开屏海报，基于移动 DSP 平台进行投放。从力美科技移动 DSP 的投放数据显示，在 7 月 24 日电影上映前的 7 月 22 日，最火热的赢电影票活动，展示达到 550 万次，有效点击达到 3 万多次，转化率是 PC 端投放的 3 ~5倍。

据前瞻产业研究院《2014 ~2018 年中国电影产业市场前瞻与投资战略规划分析报告》统计，电影公司的佼佼者莫过于后来依靠互联网崛起的乐视影业。传统文化电影公司——华谊兄弟传媒股份有限公司仍排在前列，也在不断触及互联网，做足了网络营销。

（三）报刊公司着力移动网络

2014 年，对于广大纸媒来说，可谓是充满困境又不断转型的一年。上海报业集团旗下的《新闻晚报》于 2014 年 1 月 1 日正式休刊；2014 年南方报业传媒集团 202 人离职，多转战互联网；《壹读》杂志在 2015 年 2 月正式停刊，专注于数字化生存；2014 年 7 月 22 日，《东方早报》的新媒体项目澎湃新闻正式上线。中国广告协会报刊分会和央视市场研究（CTR）媒介智讯近日发布的 2014 年前 11 个月数据显示，累计报纸广告降幅扩大到 17.7%，广告资源累计减少了 19.4%。纸媒广告资源不断缩水，纸媒与网络如何联姻？2014 年纸媒仍然在艰难地寻找自己的未来归宿。

1. APP 方向：《东方早报》的澎湃新闻

由人民网研究院策划排编、清华大学新闻研究中心采集相关数据形成的 2014 年《中国媒体移动传播指数报告》显示，2014 年报刊媒体自有 APP 数量加大，同时，报刊媒体不断释放 APP 优势，移动化运营成为报刊公司转型的新发力点。

表2－1：2014年报刊移动传播指标体系

	一级指标	指标权重	二级指标	指标权重
报刊移动传播指标体系	微博	20%	BCI	20%
	微信	30%	WCI	40%
	入驻聚合新闻客户端	10%	入驻聚合新闻客户端数量	2%
			推送数量	2.5%
			用户订阅数量	2.5%
			用户活跃度	3%
	媒体自有APP	30%	入驻APP商店数量	3%
			APP下载量（安卓）	10%
			APP下载量（苹果）	2%
			APP评论量及评分（安卓）	5.5%
			APP评论量及评分（苹果）	5.5%
			APP栏目及功能设置（安卓）	2%
			APP栏目及功能设置（苹果）	2%

数据来源：《中国媒体移动传播指数报告》2015年2月9日。

注：广播、电视的评估体系在此基础上调整，增加点播数、收听人数、入驻视频、广播客户端的评估并适当提高权重。

BCI：微博传播指数BCI（Micro－blog Communication Index），通过微博的沽跃度和传播度来反映账号的传播能力和传播效果。

WCI：微信传播指数WCI（WeChat Communication Index），通过微信公众号推送文章的传播度、覆盖度及账号的成熟度和影响力，来反映微信整体热度和公众号的发展走势。

Talking Data（北京腾云天下科技有限公司，经营移动互联网数据服务）发布的《2014移动互联网数据报告》显示，2014年，我国移动产业发展迅猛，移动智能终端设备数达到10.6亿，较2013年增长231.7%。且从用户年龄层面来看，80后用户占比为38.3%，成为APP用户的中流砥柱。可见，纸媒要想继续网络化生存，必须充分利用移动互联。是否可以通过产出APP达到占据移动终端市场的目标，是一个值得关注的方式。

2014年《东方早报》上线的新媒体项目澎湃新闻，就属于充分利用APP型的纸媒公司。它倡导新闻微创新，倡导以用户生产内容为关键。APP工具的运用，使得新闻内容分类简单、明了，并且增加了读者跟进新闻内容。这种开放的内容平台，达成了纸媒通过触碰网络与用户的良性互动。

2. 移动战略：《壹读》杂志转攻移动媒体

曾被誉为“当下最具有互联网思维的杂志”《壹读》传出于 2015 年 2 月 27 日停刊消息，得到了官方证实。

目前，除业内公认纸媒广告量下滑是主要原因外，巨额的印刷成本和内容生产费用也造成了杂志的停刊。正如《壹读》官方淘宝店公告的，杂志的大规模发行消耗了太多的精力，将会把这些精力用在更有效率的互联网产品上。除了杂志之外，《壹读》的视频、微博、微信等将会继续数字化生存。

北京大学陈少峰教授认为，《壹读》停刊代表了纸媒没落的一个趋势，其他纸媒也将步其后尘。因为随着互联网化的深入，纸媒的受众群在不断流失，日趋没落是个不争的事实。

对于《壹读》来讲，其微信上的营销推广，除了日常发布新闻外，它着力于特色的视频、音乐、图片、互动等，在娱乐中为企业提供了价值。敢于变革是纸媒转型的唯一出路。

（四）广播电台初试移动新媒体

唱衰电视论和纸媒灭亡论愈演愈烈，广播作为最传统的媒体，虽然遭受新媒体的挤压，在近几年内，其广告收入却出现了增长的趋势，听众也取得了很大的增量。除了常提的广播电台频道，很多新兴的网络电台借力 APP 将传统的广播频道囊括其中，其实也属于广播的移动化战略，可看作传统文化企业的触网。

1. 传统广播网络营销优势

广播营销，是指通过广播载体确立与客户在社会价值主张及销售、服务观念上的统一关系。[①] 传统广播公司的听众基数大，得益于汽车数量增加。广播的移动听众数量大、制作成本低廉，都促使其用户规模壮大。

（1）移动听众规模扩大

2014 年，北京中广兴业市场调查有限公司在调查后得出结论：广播听众出现明显的“3－2 现象”。经过对全国 13 个主要的大中城市听众调查发现，广播每减少 2 个居家听众，会同时增加 3 个新的增量听众，这 3 个新的增量听众中，有 2 个增量听众是移动收听群——私家车主，另外 1 个听众是居家增

① 梁爱莲. 广播营销初探［J］. 视听，2013（10）.

量听众。

广播用户习惯于本地移送收听，这也是广播的优势所在。在2014年广播频道移动传播百强榜的前20强中，交通广播占据很大的成分。

表2-2：2014年广播频道移动传播百强榜前20强

排名	广播频道	综合指数
1	中广　中国之声	70.54
2	中广　经济之声	69.94
3	河南交通广播 FM104.1	65.82
4	江苏新闻广播 FM93.7	63.36
5	浙江之声 FM88 AM810	61.14
6	郑州新闻广播 FM98.6	60.22
7	苏州交通广播 FM104.8	59.89
8	FM1045 女主播电台 FM104.5	59.15
9	江苏交通广播网 FM101.1	57.77
10	扬州新闻广播 FM98.5	57.24
11	广州交通电台 FM106.1	57.03
12	天津交通广播 FM106.3	56.87
13	苏州新闻广播 FM91.1	56.82
14	北京体育广播 FM102.5	56.61
15	青岛交通广播 FM89.7	55.90
16	河南新闻广播 FM95.4	55.08
17	广西电台私家车930 FM93.0	53.52
18	天津音乐广播 FM99	52.54
19	湖北之声 FM104.6	52.19
20	河南电台 FM90.0	51.23

数据来源：《中国媒体移动传播指数报告》2015年2月9日发布，其中数据采集截止到2014年12月31日整理发布。

（2）低成本的传统媒体

广告的主要类别有两种，品牌广告和促销广告。企业促销广告多投放于广播电台，这与广播在传统媒体中费用低廉是分不开的。广播无须复杂和庞大的摄制和剪辑设备的硬件要求，简单的收录设备录制完成后，稍作剪辑便可直接通过平台进行播放，相较其他传统媒体，成本较低。

2. 新型电台

新型电台主要指网络电台，在手机上实现收听广播的电台，并且将传统电台的节目收入其中，用户也可以自己生产节目内容。其主要软件载体是APP和微信公众号载体。较有代表性的是蜻蜓FM、荔枝FM、喜马拉雅FM等。

据荔枝FM公布的数据显示，上线一年以来，已坐拥2000多万用户，60多万主播，制作了600多万期的播客节目。新型电台融资情况更是可观，据经济之声《天下财经》报道，网络电台应用APP荔枝FM1月23日对外宣布，获得2000万美元C轮融资。

3. 传统广播与网络的融合二重唱

传统广播与网络对接并未止步于自建广播网站，新型网络文化企业敢于大胆借鉴传统广播的优势已成大趋势。

（1）"传统广播+互联网"

传统广播自己成立网络电台，开设网络站点，通过互联网传播广播节目，即传统广播公司自办网站。长春人民广播电台在2012年9月就开通长春广播网，即官方网站，并增加了点播功能，给予广播更多可逆收听的空间，微博的参与环节触碰传统广播网络之路。

（2）"传统广播+网络电台"

网络并不是一个独占世界的产品，传统广播又摆脱网络的束缚，开通纯网络电台。如2009年豆瓣公司推出的豆瓣FM电台，虽属于互联网文化企业借鉴传统文化企业的产品，但它延伸了广播媒体的存在空间。

中国人民大学新闻学院教授喻国明认为，随着互联网的发展，网络电台将在渠道上获得大量新的用户入口。单就内容而言，网络电台虽然可以满足个性化的需求，但是传统电台的非定制化模式依旧会是未来的主流。传统广播电台与新兴网络电台的融合才是当务之急。

二、传统文化企业触网战略及趋向

互联网大潮的汹涌来袭，移动互联网的势头更加迅猛，传统文化企业对于互联网的出现也从抵触变为触接的态势，危机也是转机。

（一）基本战略

互联网作为平台，与其他优秀的内容资源相结合为中国文化产业提供了非常好的商业模式。在这种模式下，内容和渠道实现了产业化的整合。传统文化企业触网要发力于网络应用和内容对接互联网的战略，守住核心优势。

1. 网络应用多元化

传统文化企业面对网络力量的崛起，要利用这些网络力量，变被动为主动，甚至把自身成为一种新媒体。

（1）对接网络平台

传统文化企业与新媒体的平台对接，指的是电视媒体将自身内容、营销需求通过新平台进行传播。以电视媒体的转型为例，与社会化媒体平台对接要借助社交媒体。微博、微信、QQ 等社交媒体，属于新媒体领域。但传统文化企业的网络化不应是单纯将所有的产品推送，如新闻通过微信公众账号推送出，而是在推进“产品 + 服务”的原则下，定制用户黏性强的新闻信息。传统文化企业成立互联网研发团队，研发二维码技术也是很好的应用实践。

（2）组建视频网站

根据早在 2012 年 8 月谷歌发布的新的多屏世界（The New Multi – Screen World）的报告，我们日常所接触的媒体，有 90% 的时间和精力花费在四个屏幕上，即手机、电脑、平板和电视。只有 10% 花费在收音机、报纸和杂志上。由此可见，多屏化已经成为文化企业推广产品的主要渠道。

传统的电视台，要将目光对准更广阔的屏幕市场，组建视频网站能提升聚合用户的能力，就是一个很好的选择。优质节目和优质版权能吸引网站流量的增加。湖南卫视的芒果 TV 和中央电视台的 CNTV，都属于传统文化企业的拓屏化。2014 年芒果 TV 初次独播的《花儿与少年》虽然在节目开播前 3 周网络收视水平较低，但是好的内容和营销方式，却不受独播影响，自播出的第四周起视频点击量突破 2000 万，二季度视频点击量累计达 1.68 亿次。当然，在看到机遇的同时，也必须警惕每年新网民的增量都是对传统文化企业的冲击。

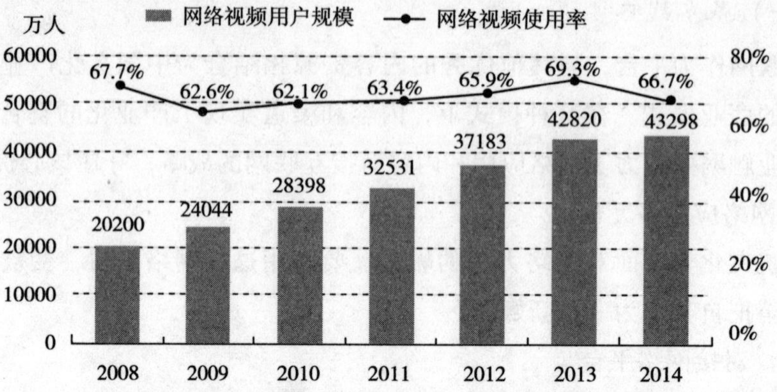

图 2-1：2008～2014 年中国网络视频用户规模及使用率

数据来源：中国互联网发展状况统计调查整理发布。

另外，视频网站日益呈现品牌化趋势，用户形成了对视频网站的依赖。尤其在移动端，通过视频客户端收看视频的用户不断增加。传统文化企业触接网络要本着用优质的内容，达到品牌溢出效应，提升受众的忠诚度。

2. 文化内容护城河

传统文化企业有深厚的文化内容积累，这正是新兴互联网文化企业的短板。在互联网时代，内容仍是文化企业发展的护城河。

（1）优质文化内容是利器

这是一个注意力稀缺的年代，很多文化企业为了追逐热点，在生产文化产品时和时间赛跑，却忽视了文化内容的质量。其实，优质深度的内容仍是用户不变的追求。SOHO 中国董事长潘石屹曾表示："信息的无处不在，让内容显得比渠道要更加重要。我们每个人的行为、目光都受美的吸引，只有美的内容才能够传播。"传统文化企业的底蕴深厚、历史悠久、有深刻的经验，这都是实行文化内容经典化的基础。

（2）钳住内容的"黄金时代"

在竞争日益加剧的互联网时代，技术、渠道只是文化企业传播所需的表面平台，而真正起作用的还是内容。以湖南卫视为例，始于 2013 年的引进自韩国明星真人秀节目《我是歌手》，到第三季收视率仍处在全国同时段排名第一。创新的节目内容引进、生产方式，都是钳住了内容的"黄金时代"。

3. 互联网链接

传统文化企业实现真正的转型，要有用互联网链接一切的意识。在很大程度上，移动互联网的本质是一种链接网络。传统的文化企业对广大用户之间的链接是单向的，而社交工具的移动互联链接了人和人，服务软件的移动互联链接人和服务。传统文化企业通过服务和用户链接，打造大数据平台吸引用户流入的同时，必须关注如何打造自身与用户的双向链接关系。

（二）主要原因

1. 互联网的全线爆发

据 We Are Social（全球最大社会化媒体传播公司）指出，2014 年是互联网和移动互联网快速发展的一年。全球独立移动设备用户渗透率于 2014 年 9 月超过了总人口的 50%；全球活跃互联网用户在 2014 年 11 月突破了 30 亿。

互联网，尤其是移动互联网的发展以及智能移动终端的普及，改变着文化企业原有的商业逻辑。

另外，互联网切中传统文化企业经济基础。广告一直是传统文化企业生存的基础。面对传统媒体广告资源的减少，互联网广告却在大规模高速增长。背靠庞大年轻用户的互联网，仅 2014 年的上半年，互联网上市公司的财报数据显示，百度、新浪、网易、搜狐、腾讯 5 家互联网巨头的广告收入为 292. 76 亿元，同比增长 54. 12%。可见，互联网广告夺取了传统文化企业很大的商业营收，从内力和外力上促进传统文化企业触网。

2. 新媒体时代来临

大卫·克罗图和威廉·霍伊尼斯指出："新媒体成为现在这个时代的宠儿，是这个时代最重要的特征。未来的时代，是一个新媒体的时代。"新媒体时代的来临，是传统媒体变革的开始，每一个新时代的来临，都促成时间观念为"旧"的媒体进行改革。所以新媒体时代的来临，要求传统文化企业不断接触互联网。同时，传播的革命已经普遍地将"权利的平衡"从媒介的一方转移到受众的一方，受众则有了更多的媒介选择，而且能够更主动地使用媒介。①

---

① 丹尼斯·麦奎尔．崔保国李琨译．麦奎尔大众传播理论［M］．北京：清华大学出版社，2005：25.

3. 媒体融合的国家战略

2014年8月18日，习近平总书记主持召开中央全面深化改革领导小组第四次会议，通过了《关于推动传统媒体和新兴媒体融合发展指导意见》。习近平总书记明确提出了打造“两个新型”、遵循“两个规律”、坚持“两手抓”、实现“五个融合”等目标。在国家理念的指引下，媒体融合到了新的阶段。由此，媒体融合上升至国家战略，体现了国家对媒体的高度重视。

传统文化企业以经营传统媒体为主，传统文化企业的转型已经处在国家战略的重要地位。在国家意志下，传统文化企业必须通过对资源的整合和互补，更好地拥抱互联网，实现媒体融合。

（三）传统文化企业触网的基本趋向

2014年，是中国自1994年全功能接入互联网走过的第20个年头。截至2014年12月，中国网民规模达6.49亿，网民数量达到了新的高度。2015年2月，中国互联网信息中心CNNIC发布第35次调查报告，报告显示中国手机网民规模达5.57亿，手机网民占网民的比例提升。手机作为移动互联网的主要载体，成为日常生活中人们最常接触到的媒体介质，是传统文化企业最重要的移动互联的推广工具。

传统文化企业在经历网络营销、电子商务、C2B的阶段后，形成了互联网思维重构的初级阶段，呈现出三大新趋向。

第一，触爆移动网络。InMobi（印度最大的移动广告公司，全球第二大移动广告公司）在2014移动媒体消费报告显示，最能影响用户购买决策的媒体中，PC互联网占63%，移动互联网位居第二，已经升至43%。可见，移动互联渐渐渗透人们的生活。而传统文化企业触网的主要渠道也从PC互联转向了移动互联，移动平台及随之而来的流量成了最大的王道。以阿里巴巴旗下的天猫商城为例，其在2014年“双十一”期间移动端成交额占总额比例达42.6%。这足以显现互联网文化企业移动化网络的趋势，传统文化企业与之跟进移动化已是必然。

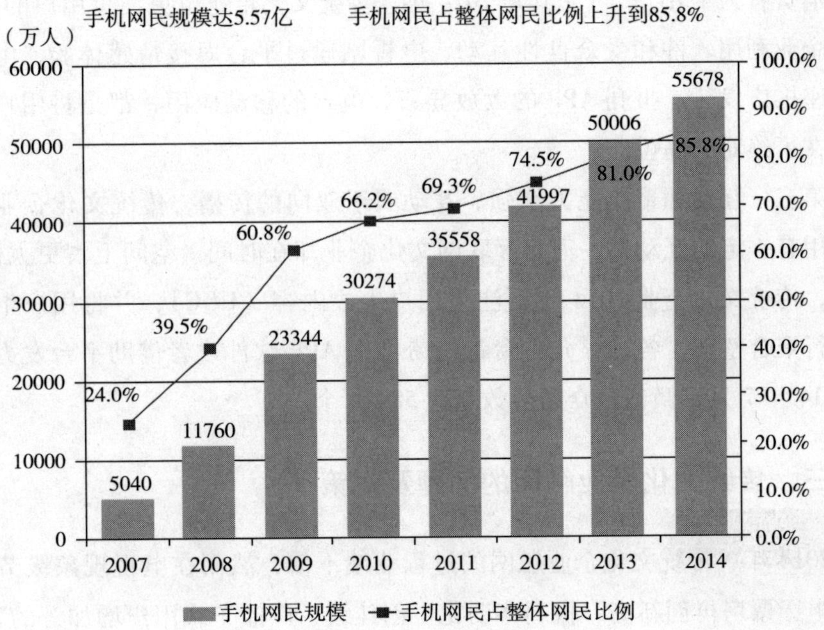

图 2 -2：手机网民规模

数据来源：北京国旭网络科技有限公司整理发布。

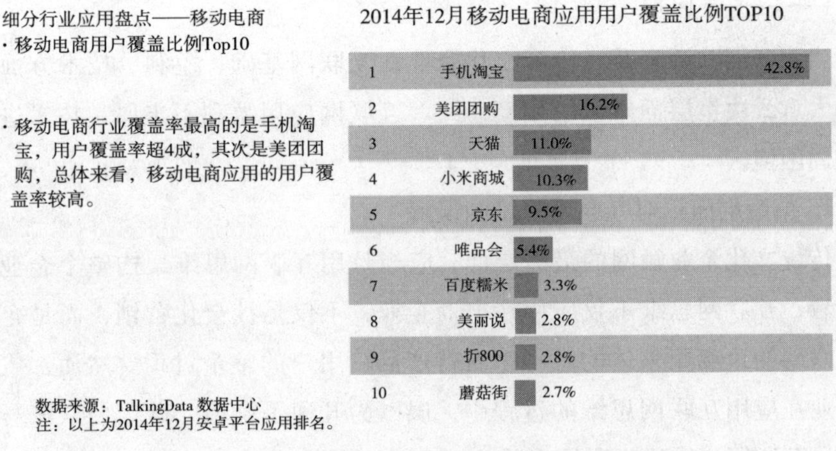

图 2 -3：2014 年 12 月移动电商应用用户覆盖比例

数据来源：北京腾云天下整理发布。

第二，用户至上。传统文化企业，以传统的四大传统媒体报纸杂志、广播、电视和电影衍生的企业为例，其目标消费者为“受众”。而互联网文化企业称消费者为“用户”。尤其是2014年，传统文化企业也更注重用户的体验、电视企业利用软件和受众良性互动、电视剧通过平台对接情感体验、电影提前选座推广发行、报刊APP的大放异彩、电台的移动应用，都是将用户的权利放在了绝对的高位。

第三，互动和聚能能力增强。互动属于双向的传播，传统文化企业的媒体应用有一定的互动性，但是互联网文化企业却在时间、空间上占更大优势，由此，传统文化企业2014年更注重用户生成内容（UGC），并将用户生成内容进行聚合整理。各种媒介平台都纷纷推出APP软件或者借助平台发力，截至2014年7月，微信公众账号数量达580万个。

三、传统文化企业触网的问题及对策

2014年，传统文化企业触网的过程业绩不俗，然而在电视现象级节目频生、电影票房再创新高、报刊移动化再创佳绩、广播车载用户增加等的背后，却暴露了很多令人惶恐的问题，尤其是互联网化过程中的透露出的无奈与被迫，令传统文化企业的触网长路漫漫。

（一）主要问题

当互联网大潮来袭，传统文化企业在互联网基础、盈利、技术方面并不尽如人意，决策层面难以应用新思维、互联网应用盈利不丰厚、技术进入战略布局困境。

1. 决策层面：对互联网思维的误解

传统文化企业触网的最高层面，应当是用互联网思维架构整个企业。本质上看，互联网思维不仅应用在电商企业，不仅是社会化营销，而是企业站在互联网的角度用整体的思维来看待产品、用户的整个过程。然而，传统文化企业在应用互联网思维的过程中，误以为开通了微博、微信公众账号，就利用了互联网思维。互联网思维不是所有传统文化企业都要崇拜网络，而是网络作为一种工具服务于企业。其实，互联网思维是传统文化企业用网络嵌入企业全部环节，让组织变扁平，营销更人性化、更互动。互联网思维，应当用于对企业商业模式的整体改善与再造。

2. 应用层面：赢利缺乏支撑

传统文化企业的赢利并不是很理想，很多业内人士都表示，新型的 T2O 营销模式，虽可以实现电视台和电商的共赢，但仅是尚处在探索阶段的商业模式，赢利结果的分成仍是谜。

北京大学陈少峰教授认为，看电视和购物本身没有太密切的关系，边看边买属于一种冲动消费，看节目的时候很少有这种冲动。因此，在电视节目中使用 T2O 模式也就变成了一种广告植入，这对树立品牌有帮助，但不会激发人们立即下单购买。东方卫视的《女神的新衣》虽大受关注，但在第一期播出后天猫网的销售总共才有 39 笔，而且东方卫视表示暂时不参与后期分成。可见，赢利的点仍是需要平衡。传统企业触网能给企业带来经济效益，也可给平台实现推广效应。但任何商业模式需求的赢利点却仍停留在电商方，传统文化企业缺乏更大的经济空间。传统文化企业在网络赢利方面的前景仍存在盲点。

3. 技术层面：网络化力度、技术鸿沟等

以湖南卫视为例，组建旗下视频网站——芒果 TV，2015 年实行视频资源独家化。此举扩大了电视节目的受众面，可谓台网融合的典型范例。但是其网络化力度并不够，芒果 TV 的系统服务技术达不到视频网站的层级；系统服务能力受限，因而用户体验满意度不高。芒果 TV 内容虽好，但技术急需提升，很多用户甚至无法收看。

很多传统文化企业的管理方式仍停留在传统的金字塔式的管理矩阵，上传下达不通畅，极有可能造成信息的截流。而互联网文化企业很大的优势在于运用扁平化组织企业的管理，这种方式更容易让领导者迅速对事情做出决断。进入 WEB3.0 时代的企业，更应该是文化企业的产品与用户进行多向互动交流，从而在用户间形成良好的黏性贴合。

除此之外，新媒体营销一直是互联网文化企业的法宝。而传统文化企业往往缺乏传播和营销的基础，令营销成为传统文化企业的软肋。

(二) 相应对策

在注意力经济博取大众眼球的时代，传统文化企业如何在互联网大潮下不迷失方向是当务之急，这也决定了传统文化企业必须在内容上投入更多精力，在吸引最稀缺的注意力资源上实行新对策。

1. 内容和渠道的一体化

传统文化企业在互联网时代，面临的是如何利用互联网实现信息技术更好将内容传播。传统文化企业利用品牌作为传播的助推器，能更好地保障企业生存。品牌是为顾客提供其认为值得购买的功能利益及附加值的产品，[①] 品牌经营不仅能在用户心中树立优质的形象，更能吸引注意力，将文化产品覆盖到更多的区域。传统文化企业可利用内容高质量塑造品牌，进行差异化内容传播，让品牌既能吸引更多用户，又能达到渠道和内容之间良性互动。

首先，内容在网络时代需要跨媒体经营。在网络时代，内容碎片化传播，媒介形态丰富的同时，也意味着全媒体的匮乏。传统媒体的内容转型，要做内容的生产者和整理者。媒体经济的最大效益一定是同一个信息源，统一的内容，形成不同媒体形式的产品，进行多次销售，这样才能实现利润递增规律的知识经济体系。[②] 传统媒体收入下滑的现状下，传统文化企业要将商业重点布局在官方微博和微信公众账号等新媒体上，将内容做好跨媒体整合。

其次，要整合营销提升影响力。老式营销方式泛滥，但充满创意的营销方式永远不会过时。广告主需要的是传统和新兴文化企业的优秀运作。2002年喻国明教授提出了影响力经济学说。他认为，传媒真正的市场价值在于它能够多大程度上保持对于其目标受众的影响，并且这种对于受众的影响力能够在多大程度上进一步影响社会进程、影响社会决策、影响市场消费和人们的社会行为。传统文企业要保持原有营销的优势，成立创意营销中心，扩大在目标受众心中的影响力。

敢于变革，充分拥抱互联网，是传统文化企业前行的大趋势。传播网络化、渠道网路化、供应链网络化之后的传统文化企业，才能算是整个企业的互联网化。

2. 垂直性领域黏住用户

媒体融合的时代，传统文化企业的消费者由受众变为用户，并且要根据用户的不同需求生产异质产品，将优质的内容通过精准的传播达到对象用户。同时，传统文化企业的文化产品也不是一味迎合用户需求，而是通过良性的

① 支庭荣．媒介管理［M］．广州：暨南大学出版社．2012：294.

② 喻国明．嵌入圈子功能聚合跨界整合——“关系革命”背景下传媒发展的关键词［J］．新闻与写作 2012（06）．

引导，吸引读者做更好的改变。

碎片化的海量信息，用户很难从巨大的信息洪流中获得知识在垂直性领域的增长，很多时效快但是碎片化的内容只能满足用户的短暂需求，所以传统文化企业要在自身优势的垂直性领域下功夫，从而黏住用户。

3. 网络化的技术人才

传统文化企业的互联网产品，要在利用经验优势的基础上，引进高端人才。很多传统文化企业误认为其文化产品在网络上发布即可，其实，互联网思维是人才、技术、资本一整套体系。因而，传统文化企业在面对新媒体营销和电子商务时产生很多误区，由于本公司没有合适的网络化技术人才进行操作，于是选择将互联网的运营业务外包给其他的公司。

外包式的互联网运营业务，只能短暂缓解传统文化企业的互联网拓展业务，长此下去，企业更会凸显缺乏网络人才的短板。对于文化企业来说，人才的创意是文化产品产出的核心。佛罗里达著名的“三 T”理论：人才、技术、宽容（talent，technology，tolerance），其逻辑为宽容吸引人才，人才创造科技。创意阶层不同于一般人“谋求生存”，而已进入“表达自我”的新价值体系。如同马斯洛“自我实现”理论，创意人才追求自由，喜欢刺激、多样、充满活力的生活。[①] 传统的文化企业应该以树立品牌为终极目标，创造自由、宽容的环境，吸引高端网络技术人才的涌入，发展企业内部人才。

4. 开拓网络蓝海

W. 钱·金所著的《蓝海战略》一书中提到，蓝海是跳出“把市场上的供给方当做对手”的樊篱，将企业的关注点转变为需求的一方，把需求的一方当做“对手”，挖掘买方大众的潜在需求价值。传统文化企业在互联网化的过程中，应该跳出红海的壁垒，多挖掘用户的潜在需求。

互联网时代，亦是信息爆炸时代，传统文化企业受用户的冷落，正是因为渠道不畅通，也令用户错失了优质的内容。传统文化企业触网要学会运用大数据，从而制定满足用户的人性化需求。大数据可以广泛应用在传统文化企业，如电视剧编写前的受众需求、电影拍摄前的观众要求等，传统文化企业将大数据量化的过程，是在开拓网络蓝海，也避免了传统文化企业间的恶

---

① 理查德·佛罗里达［美］. 创意阶层的崛起［M］. 北京：中信出版社，2010.

性红海竞争。

对用户体验免费是很多互联网文化企业进行推广的方式。其实这种免费的商业模式是以依赖互联网广告的生存为基础的。传统文化企业接入互联网也应接纳这种免费的用户体验。同时传统的文化企业要善用情感推动用户消费，传统的电视台免费为用户提供电视剧的观看，给用户带来情感体验，而将电视剧完整的版本放到网络进行收费播出。

张立波

中国海洋大学副教授

第三章　传媒国企转型

进入大数据互联网时代，我国传媒业被推到历史性的变革重构期。互联网技术的不断进步，带来不同行业、新旧媒体之间高速融合的发展趋势，以互联网思维、大数据为基础的用户中心时代业已莅临。为形势发展所要求，传媒国企亟待转型，然而，传媒国企“向哪儿转”以及“如何转”，则需要及时在困惑中厘清、在思考中探索、在实践中推进。

一、传媒国企转型的深刻背景

从历史的发展来看，这场深刻的变革源于20世纪90年代末互联网在全球普及以来，网络媒介传播技术的飞跃发展促使传媒产业结构发生了革命性变化。传媒企业竞争的着力点经历着重大转移与调整。这一时代性的变迁迫使传媒企业不得不审时度势，制定与实施互联网时代的传媒生存发展战略。以20世纪90年代中期为分水岭，全球范围内以报纸为代表的传统纸媒占有绝对优势地位，属于强势媒体，然而从20世纪90年代中期以后，以互联网技术的发展为媒介，传播方式渐次带来深刻的变革，特别是近年来移动新媒体的风行，彻底颠覆传媒企业生存发展的路径格局，以纸媒为代表的传统媒体发展前景悲观，形势严峻。走在网络传播技术前沿的欧美国家报纸纷纷倒闭，导致全球报纸发行量、广告市场份额大幅下滑。目前，我国以传统媒体为主要传播媒介的传媒国企遭遇相似的现实困境，如何转型经营已经是传媒国企刻不容缓、必须思考与面对的挑战。

2014年8月，国家从整体发展战略的高度对媒体融合道路做出明确指示，中央全面深化改革领导小组第四次会议审议通过了《关于推动传统媒体和新兴媒体融合发展的指导意见》。习近平总书记强调，要着力打造一批形态多样、手段先进、具有竞争力的新型主流媒体，建成几家拥有强大实力和传播力、公信力、影响力的新型媒体集团。随后，中宣部部长刘奇葆指出，要贯彻媒体融合发展的讲话精神，强化互联网思维，加快推动传统媒体和新兴媒体深度融合，中央主要新闻媒体要走在融合发展前列，努力成为拥有强大实力和传播力、公信力、影响力的新型媒体集团。

（一）大众传播体系的数字化再构

数字化技术对大众传播体系的加速度渗入，从根本上改变了人们对大众传播的传统认识与理解，引发了对整个大众传播活动过程的重新考量与研判。除了颠覆已有的大众传播结构链条，在实践中，数字化技术同时为大众传播活动带来了新内容、新方式与新特点，由此，传媒机构的组织架构、经营模式、管理体制与运作机制等正发生与经历着深层次的根本性剧变。

1. 数字化时代的“大传播”思维

全球数字化时代，文化信息传播具有重要意义和价值，远远超过传统媒体传播时代，文化信息传播呈现了新的特征与趋势。更为重要的是数字化传播为中国等发展中国家的大众传播事业带来了跨越式发展的机会。大力发展文化信息传播，是我国主流传媒国企在全球数字化时代沟通开展与世界对话的有效途径。但是，传播思维也要随时代变迁应时而变，才可能有大的作为。

树立“大传播”理念，是当前传播战略思维的出发点。文化信息传播不仅仅局限于各类规范传统的“媒体”，而是拥有更加多样的载体平台，传统媒体只是传播载体谱系中的一员。同时大力发展数字化大众传播，开发、利用、整合多种媒介平台、媒介渠道，真正搭建起我国传媒国企跨行业、跨领域、跨介质、跨载体的文化超级平台，积累与充实实力，在数字化时代与全球传媒企业开展有力竞争。

近年来我国媒体传播呈现出了全球化、网络化、全民化、移动化、融合化、社会化发展的趋势，新媒体已经成为人类有史以来最强势的媒体，并常常“植入”政治、经济、文化、社会等诸多领域，功能不断延展的新媒体与社会的融合在深化。作为全球新媒体大国，中国拥有世界上数量最庞大的新兴媒体用户、形态最丰富的新兴媒体应用和市场最活跃的新兴媒体产业。新兴媒体对于中国社会发展的促进作用日益显著，不仅重构了新闻舆论传播格局，催生出丰富的网络文化，还不断拓展着信息经济产业，深深“植入”当代中国的政治舞台。新兴媒体已经成为促进中国社会政治、经济、文化全面发展的强力引擎。在新闻舆论传播领域，移动化的新兴媒体，在传播理念、传播方式、传播内容上具有崭新的特征，在发展规模、传播功能等方面后来居上，呈现出融合和超越传统媒体之势。[①] 2014 年 7 月发布的《中国新兴媒体融合发展报告（2013 ~ 2014）》指出，新兴国家和地区是世界新兴媒体最具潜力的市场，在新兴国家和地区中，中国新兴媒体最具活力。2013 年中国新兴媒体地位进一步凸显，已成为推动社会发展的新动力。业内人士表示，2014 年将成为中国新闻发展史上的"媒体融合元年"。充分运用新技术、新应用创新媒体传播方式，有助于中国将经济增长、科技进步及深化改革产生的红利，释放在占领信息传播制高点的战略中。[②]

"大传播"思维就是要颠覆传统的传播方式。过去传媒国企传统做法是依靠以政府力量为支持主体推动宣传与传播。显然，这种传播方式放在今天来看，其传播效果极其有限。"大传播"应是一个多主体、多层面、多渠道、多方向的传播体系，通过传媒、经贸、文化和公众个体等多种传播渠道展开的相互作用的传播活动。传播渠道数量多、内容表现多元化，通过传播媒介、各种渠道、各种介质进行传播并达到一定的规模和水平，以吸附多样而广泛的受众群体，从而最大限度强化与深化传播辐射力与渗透力。传媒国企既往的传播是具有垄断性质的单向传播。互联网的出现改变了传播活动规律。其一，从单向式传播变成双向互动传播。其二，传播渠道被无限扩展，除了纸媒、广播电视等传播渠道之外，在互联网基础上最新又出现了微博、微信、微视、社交平台等极为迅速和多元化的传播渠道。其三，传播内容的生产也被庞大的用户群"无酬"重构，继而进行再传播。解构了以往只有主编、编辑和记者可以生产内容的话语权，各种网络用户不但消费着内容同时也生产着内容，传播内容的生产出现用户生产（UGC）、专业人士生产（PGC）、机器聚合生产等新特征。其四，传播成本大幅降低。相较于传统传媒业的高额资本投入，新兴媒体传播依赖互联网技术，大大节约了人力、物力和财力的

---

① 参见：新华网. 新兴媒体成为推动中国社会成长的新力量［EB/OL］. http: //news. xinhuanet. com/newmedia/2013 - 05/16/c_ 124718045. htm，2013 - 05 - 16.

② 参见：新华网. 《中国新兴媒体融合发展报告（2013 - 2014）》发布［EB/OL］. http: //news. xinhuanet. com/zgjx/2014 - 07/22/c_ 133501648. htm，2014 - 07 - 22.

消耗，创新成为传播活动的一个重要关键词。其五，传播活动从“读者中心”转向“用户中心”，用户个体是积极参与到传播活动中的活跃的、极具创造性的传播个体。

2. 数字技术推动媒介融合走向传播融合

基于网络信息技术的新媒体已成为全球前所未有的最强势媒体，是各国竞相抢占的战略制高点。传媒业与电信、IT 制造等相关产业的界限日益模糊。新兴技术形态、新兴媒介不断出现，互联网、社会化媒体和移动互联网与传统媒体并驾齐驱，传媒业边界的扩张不但推动了产业规模化发展，更酝酿着行业转型和管理体制变革的暗潮。我国的新兴媒体经过不到 20 年的超常规发展，已经拥有世界最庞大的用户数量和最活跃的市场。我国迅速成为世界新兴媒体大国，正在经历从媒介融合到传播融合的变化。

（1）传统媒体与新媒体融合

伴随着网络媒介传播的发展，报刊、广播、电视等传统媒体面对新兴媒体的冲击与挑战，需要调整、转型以适应新时代互联网传播环境的竞争。为此，传统媒体尝试通过以下举措进行战略应对：在传播技术与形式上创新突破，积极采取措施推动生产传播模式进行转型升级，借助于互联网的数据库，进行跨媒介的内容资源整合，适应眼下客户移动性接受信息需求，改造生产信息和发布信息工具，重视社交媒体的充分利用，将丰富多彩的内容通过多媒体平台传递给受众。①

就国家级传统媒体单位来说，有新华社、中央电视台、中央人民广播电台、《求是》杂志、《人民日报》、《光明日报》、《经济日报》等中央级主流新闻媒体，地方传统主流媒体单位则有北京电视台、《北京日报》等，以及各类都市报。主流传统媒体依然代表主流声音，但是在互联网大数据时代，面临着许多问题和考验。网络媒介新媒体已经广泛普及，在突发热点、敏感问题上，反应与跟进的速度与广度都比传统媒体有明显优势，传统媒体有失声之虞，缺乏作为主导舆论的应有引导力。形势所迫，传统媒体经过探索认为：将传播平台延伸到网站、微博、微信等新平台建设上，就能够完成面向新媒

① 李从军．打造集成服务推动新闻信息生产传播模式转型升级［J］．中国记者．2013 年第 8 期。

体全流程、全内容、全平台转型，就能适应时代传播要求的新媒体传播环境，就能与新媒体融合从而增强整体实力，具备与新媒体竞争的活力。

纸媒方面，包括《人民日报》、《光明日报》等都相继开发了新媒体运营平台。新媒体运营平台主要包括官方微博、微信、移动客户端等。其中官方微博重点发布原创新闻、评论。官方微信重点发布权威独家新闻、民生政策解读。微博、微信还与报纸版联动，此外，开通了一批服务性强的微信小号。电视台的转型，以北京电视台为例。他们从组织建设、平台搭建、节目生产等方面进行改革，以台网融合为核心思路，推进三网融合，搭建以网络广播电视台网站、IPTV、移动互联网业务为主的“三位一体”新媒体业务体系，建立基于云计算平台的统一的用户系统、云媒资系统和数据服务平台，试图通过以上举措，完成在统一的数据后台基础上面向不同的用户需求，全面覆盖电视台涉及的新媒体业务。①

然而，这些尝试与探索只是新旧媒体融合的一个开端，如何完成二者的深度融合与华丽转型还有更长的路需要开拓。

（2）传媒业与信息业融合

互联网技术使传媒业与信息业领域交融，行业界线不再绝对清晰，行业融合形成信息服务业的蓝海地带。信息业市场规模大于传媒业，两者融合为传统媒体带来拓展其他领域市场的机会，带来跨界经营的可能性。

互联网发展推动的新旧媒体竞争中，以互联网为平台成长起来的具有互联网基因的新媒体公司占据了领先地位。相对而言，传统媒体较为被动，但是也并非没有机会，与信息业融合发展，重视平台建设，实施平台化战略，实现对各类信息的汇聚，满足所有的信息需求，是传媒国企在大数据时代攻占主导地位的路径之一。对于媒介融合时代的许多用户来说，对各种信息需求的满足是通过同一个平台实现的。因此，从大产业的角度来看，媒体业与信息业融合是数字化技术推动下媒介产业发展的必然演化形态，是包括信息生产、传播、应用的信息融合生产形态，融合了传媒业与信息业的双重产业特征。大数据时代，这种具有开放性和包容性，并且能够提供各种类型信息

① 参见：新华网. 北京电视台：“台网融合”下广电新媒体发展之路［EB/OL］. http：//news. xinhuanet. com/newmedia/2013 - 06/26/c_ 124915312. htm，2013 - 06 - 26.

的传媒信息平台被预测为传媒企业转型中颇具开发潜力与竞争实力的发展模式。

根据国务院正式发布的《关于促进信息消费扩大内需的若干意见》，到2015年，信息消费规模将超过3.2万亿元，年均增长20%以上；带动相关行业新增产出超过1.2万亿元。其中基于互联网的新型信息消费规模达到2.4万亿元，年均增长30%以上；基于电子商务、云计算等信息平台的消费快速增长，电子商务交易额超过18万亿元，网络零售交易额突破3万亿元。[①] 传媒业与信息业融合的信息服务业未来潜力巨大。

（3）三网融合：电信、广播电视、互联网

当下国家政策推动与传媒技术创新加速“媒介融合”。技术创新削弱了传统广播影视媒体与电信、互联网市场的边界和壁垒，广播影视媒体内容通过跨平台、跨网络、跨终端的形式为用户提供服务成为普遍的现实。媒介融合趋势下，互联网、广播电视、电信三个产业的产品服务趋于交叉和覆盖，界限模糊，同时各平台之间技术的连接性增强，内容产品能同时通过网络和终端设备等传输及显示，打破了三个产业的市场区隔，出现不同平台的交叉产品和同一产品的交叉平台。2013年底，国家有线挂牌，意味着即将开始在三网融合背景下的资源整合和行业重组，全国有线网络也将面临转企改制。拓展新业务、跨区域整合与省网整合等都是未来发展的趋势。

三网融合不断推进促使广播电视传媒由单一的传播功能向兼具信息管理功能转型，推动了网络、数字信息平台、网络互动平台、公共服务及个性化服务平台等的发展，根本上极大地推动着传媒企业文化信息传播的底层性模式转型。

（二）数字化传播推动全球传媒转型

互联网技术发展带来了“第三次工业革命”和“第四次传播革命”。传媒业发展出现新趋势，互联网、手机客户端等新媒体的迅速崛起对传统媒体稳定的市场格局造成巨大冲击，促使全球传媒格局重构。传统媒体受众很多已被网络新兴媒体吸附占有，并且这种形式将随着网络技术的进步变得越发

① 参见：新浪新闻中心. 媒体大数据实践误区：误把可视化当数据化［EB/OL］. http://news.sina.com.cn/m/2014-07-04/172530470548.shtml，2014-07-04.

明显。传统媒体机构转型从媒介技术应用层面的转型开始，逐渐意识到必须在理念、机制、经营、人才等方面，进行深入的全方位转型，才能真正延续传统媒体的市场生命力，实现传媒国企的现代化、产业化和规模化转型，继续保有传播社会主流声音的能力和地位。

1. 传媒业市场化进程加速

传媒业市场发展程度与规模反映我国传媒业的发展现状和前景，主要包括受众市场和广告市场。对于新媒体传播而言，用户市场的理念取代了受众市场。

自1992年我国明确确立市场经济以来，我国传媒业市场化改革趋势日渐明显与加快。与此同时，国家颁布一系列引导和扶植政策，帮助中国传媒企业或传媒集团实现从政府实业化到市场经营化的转变，以提高传媒企业的综合实力。2006年，我国出台《关于深化文化体制改革的若干意见》指出："要加强文化产品和要素市场建设，打破条块分割、地区封锁、城乡分离的市场格局，形成统一、开放、竞争、有序的现代文化市场体系，重点培育书报刊、电子音像制品、演出娱乐、影视剧等文化产品市场。"明确强调传媒企业要重视受众市场需求。我国传统媒体经过多年高速发展，取得斐然的市场成绩。目前在媒介融合这一发生了巨大变化的外部环境的现实面前，传媒企业尤其是传媒国企求得生存就必须提速市场化进程，适应互联网新媒体时代的市场需求。

2014年4月发布的《中国传媒产业发展报告（2014）》指出，2004～2013年是中国传媒产业快速发展的十年，传媒产业总值年增长率连续十年保持两位数的增长；这十年也是历经巨变的十年，新兴媒体迅速崛起，与传统媒体形成群雄争霸的格局。未来十年，中国传媒业有望迎来新一轮增长。

根据普华永道的统计数字，目前全球传媒与娱乐产业年消费额在2万亿美元左右，未来五年的增长率保持在5%～6%。在全球传媒产业的整体提升的带动下，在我国宏观经济平稳发展下，文化消费随着人均GDP增长而高速爆发，将推动我国传媒业继续增长。数据显示，2013年我国人均GDP突破6700美元，文化消费支出在总消费支出中的占比逐步提升，传媒产品消费市场具有较大上升空间。2013年中国传媒产业总值较五年前翻了一番。传媒产业未来五年还将保持较快速度的增长，产业集中度和行业整体实力进一步提升。初步预计2014年中国传媒产业规模将超过1万亿元，2017年达到1.6万亿元，文化传媒产业整体规模超过5万亿元，GDP占比达到5%。[①]

此外，我国传媒广告行业发展迅猛，据统计，现阶段我国的传媒广告市场专业化程度明显升高跃居世界第三位。传媒业市场快速扩张，广告市场规模在2012年达到3125.55亿元，并且市场化程度继续提升。其中，民营传媒企业因为灵活的体制性优势分流大量体制内传媒国企的广告，反映出我国的传媒国企的市场化能力偏弱。2008在传媒业推行“转企改制”，一定程度上提升了传统媒体的市场适应能力，但是多数传统媒体并未成为真正的市场主体，因此传统媒体在传媒业市场规模快速夸张的现实下还是很难很好地适应传媒业市场化要求。[②] 然而，在数字传播时代，在新媒体抢滩用户市场的强劲势头面前，传媒国企如果依然缺乏市场应变能力和创新能力，就必定没有生存发展的更大空间。

2. 传媒集团的多元化跨界发展

从全球范围来看，传媒企业普遍呈现出多元化发展的形势。传媒企业多元化发展包括产权多元化、运营资本多元化、经营内容多元化及效益多元化等。传媒企业集团化发展、规模化竞争是大势所趋。目前传媒企业、传媒集团在其文化信息传播这一核心业务方面，已经普遍开发利用多元化传播媒介，选择与新媒体融合转型的发展路径。通过整合资源、重组机制、经营延伸等一系列转型动作，传媒企业向集团化、规模化方向发展，成为主导与影响我国传媒市场格局的主要力量。目前，中国正式批准的传媒集团共分五类，包括报业集团、广电集团、出版集团、发行集团和电影集团。

传统国企实行多元化经营，在原有基础上打造延伸平台、延伸业务，实现多元化效益，这是传媒国企转型后做大做强的一条路径。国际上不乏这样的成功经验，传媒巨头很早便在不同领域里开展经营，拓展产业范围，比如英国《金融时报》借助品牌优势拓展了手机版服务、掌上电脑版服务、年度调查报告、图书出版、会议等相关延伸业务，拓展品牌价值。全球最大的媒体企业集团之一的新闻集团经营的业务范围涵盖电影、电视、网络、报纸、

① 参见：中国网. 报告称未来十年中国传媒业将迎来新一轮增长［EB/OL］. http://news.china.com.cn/txt/2014-04/19/content_32147601.htm，2014-04-19.

② 郭全中. 论传媒研究机构的转型升级［J］. 新闻实践. 2013（6）.

杂志、书籍出版以及数字广播等，其收益多来自娱乐产业。我国南方报业传媒集团是转型较为成功的范例，迄今已建立了报纸期刊、出版社和网络的三大平台组合，实施以平面媒体、网络媒体、移动媒体、图书出版、文化会展、文化实业和社会公益活动为“七大舰队”的品牌经营战略。

传媒国企转型，多元化跨界发展是未来的发展方向，并购重组则是多元化经营和实现快速发展的重要方法。并购重组带来资本扩张，不同传媒企业之间重组可以重新组合生产要素，使生产资源配置更加合理化，进而最大可能地发挥资源的使用效率。传媒国企的多元化跨界发展也是打造具有国际影响力的大传媒集团的必然之路。

二、传媒国企转型的内涵

互联网技术革新从根本上改变了人们的信息接收与消费方式，新媒体的出现结构性地改变了全球传播形态与格局。事实上，我国最早的新媒体转型探索始于1997年，《人民日报》官网“人民网”正式接入国际互联网，继而开通“时政论坛”网上平台，推出新闻网站短信、手机报等。2005年，国家科技部正式批复成立国家新媒体产业基地。2006年，《国家“十一五”时期文化发展规划纲要》发布，要求发展新兴传播媒体，新媒体第一次进入国家规划，意义十分重大。

传媒国企转型过程中有很多来自理念、制度、体制、经营方式、资金、技术和人才等方面的障碍，其中，最核心的问题是理念和思维的转变。在互联网时代，传媒国企不能再依赖于信息资源的垄断以及政策倾斜的优势来获取经济利润和社会效益，必须加入激烈残酷的市场竞争，争取受众与市场。《人民日报》、《光明日报》、新华社等传媒国企的转型之路势在必行、迫在眉睫。相较于网络传媒企业，传统国企转型处于劣势地位，在面对具有私有产权属性的新媒体的市场竞争同时，还要面对转型中的其他境内外实力雄厚的传统媒体的竞争。传媒国企原有的传播技术手段、经营模式、战略机制、管理方式和人力资源等方面都与新兴的媒体市场需求存在很大差距。

（一）技术性转型

虽然传媒国企着手转型重组，但就目前来看，大多转型与重组的举措还仅仅停留在形式上面，比如建立纸媒或者广播电视的官方网站、实现报网互动、开发打造新闻客户端等。然而，将相关新媒体仅仅作为传播工具来使用，是远远不够的。传媒国企进行技术范式转移，就要在数字传播时代下重新审视传媒国企的问题。过去传统媒体主要重视内容生产，因此对日新月异的新媒体技术缺乏先天的适应性，需要加快培育和发展传媒国企的技术基因。

1. 大数据技术战略

目前，我国多数传媒企业的转型还未体现出对数据化的深刻认识，存在将数字化当成数据化的错误理解。传统内容转换成电子版、网站版、可视化新闻等数字化内容并不就是实现了数据化。大数据技术的本质是通过挖掘和分析不同数据之间的内在联系，呈现事物之间的内在相关性，从而实现数据的内涵价值。现在，我国大多数传统媒体的转型做的仅仅是数字化，只是数据库资源的筹建工作，还谈不上真正的数据化。为适应大数据时代的要求，对于转型中的传媒国企而言，除了重视内容生产，还要重视信息服务，建立有规模的信息丰富的大媒体数据库。

大数据技术战略对传媒国企转型成功与否至关重要。当前互联网环境下的媒体受众已不仅仅是受传者或者读者，更大意义上应该被称为用户。而对于传媒国企而言，相较于互联网商业化媒体，对用户体验的重视与关注是其弱项，大数据抓取和分析传统媒体用户的相关阅读等信息、关注热点、信息需求等数据，可以更好地针对用户提供个性化服务，满足用户需求、提高用户体验。例如，《金融时报》通过开通免费阅读专区，获得大量读者阅读信息，通过大数据进行分析读者的喜好与需求，打造付费的个性化信息服务。开拓数据化新闻，通过大数据技术使新闻可视化。传媒国企可以利用资金与技术优势实现数据可视化，吸引用户的兴趣和关注。我国社会转型期舆情多发凸显，传统国企肩负传播主流声音、引导舆情的社会责任，可以利用大数据技术的挖掘分析能力开发舆情管理业务、舆情管理产品。

大数据技术要求传统媒体拓展自身的广度和深度。广度是指传统媒体要具备海量信息的数据库资源，在拥有采编队伍与原创内容、一手信息的同时，建立与受众、网民、用户进行互动的数字化平台，广泛汇聚各方信息，打造大数据平台。深度是指作为信息社会清醒的思考者，依靠训练有素的专业采编队伍披沙拣金，成为大数据时代舆论引领者，利用大数据技术对社会做出深入的观察，深刻的思考、分析、解读和预见，在互联网时代把握正确的方向。

应用大数据技术可以使传播具有针对性、精准性，从而实现传播的有效性。过去的传播是大众传播，面向所有人的传播，并非在抵达的每个受众那里都能够实现传播的有效性。大数据技术支持下的传播则能通过对人们网上浏览数据的分析获知受众上网习惯、喜好等，并根据这些需求实现合适时间、合适内容、合适形式的精准传播。

随着大数据技术的应用，数据化新闻、数据图视化等信息都将成为广受欢迎的传播方式。这些都应该是传媒国企转型过程中制定大数据技术战略时要做前瞻性思考的内容。大数据技术对传媒国企既是挑战也是机遇，制定及时、正确的大数据战略，有利于传媒国企抢占先机、赢得市场，从而掌握话语主导权。

2. 推进新媒体业务

适应媒介融合形势下的传媒生态环境，传统主流媒体启动面向现代全媒体机构的转型，不断探索与推进媒体融合发展与现代传播能力提升之路，从与新兴媒体的融合发展中焕发新的生机与活力，其意义影响之深远，不言而喻。

随着我国互联网技术迅猛发展，智能手机上网用户极速增长，受众获取资讯信息的渠道大为丰富化、多样化，纸质媒介、电视广播等传统媒体的受众群开始向新媒体大量迁移。尤其是智能手机全新的体验功能与携带操作的便宜性，吸引庞大的用户群黏附，手机 APP 成为网络技术创新时代的宠儿。凭借强大的网络技术支持与低廉的流量资费，用户可以通过手机新闻客户端随时随地浏览新闻，迅捷性与便宜性，使得新闻客户端有可能迅速成为继微博、微信之后的又一个重要的新媒体形态。

从 2009 年末开始，便有有识者开发新闻客户端进驻智能手机。2010 年，各大门户网站展开抢占新闻客户端市场的竞争，新闻客户端用户数量随之不断增加。在竞争激烈的移动新闻客户端市场布局大战中，以网易、腾讯、搜狐等为代表的商业门户网站引领打造、升级、优化新闻客户端的风潮。据艾瑞最新数据显示，2014 年 3 月，iOS 和 Android 全平台移动新闻资讯类应用，用户日均使用时间已超 6 亿分钟，同比增长两倍。其中，网易新闻客户端、搜狐新闻客户端、腾讯新闻客户端的用户使用时长分别排在前三名。艾瑞数据特别指出，在2014年Q1的iOS平台统计中，三大门户产品市场格局稳定：网易新闻客户端多项指标领先，搜狐新闻客户端、腾讯新闻客户端位列其后。其中，网易新闻客户端的日均覆盖人数占比最高达35%，日均总使用次数占比达30%，均与第二名拉开10%的差距。截至2014年3月31日，网易新闻客户端累积用户已达2.4亿。①

在被称为“中国媒体融合发展元年”的2014年，国内两大权威主流媒体新华社与《人民日报》于6月相继发布“新华社发布”客户端、《人民日报》新闻客户端正式上线的消息，引起社会广泛的热切关注。随后，一些地方传统官媒新闻客户端也陆续上线，激起国内新闻客户端市场角逐的新一轮震荡波。

相对于商业门户网站的新闻客户端来说，以“新华社发布”新闻客户端、《人民日报》新闻客户端为代表的传统主流媒体正式上线运营，在时间上输了先机。三四年前已经兴起的新闻客户端浪潮中，有远见的商业媒体、网络运营商已率先在“移动终端”这个平台市场谋篇布局，跑马圈地。统计数字显示，在众多新闻客户端中，客户端的用户高使用度多集中于几大商业门户网站开发的新闻客户端，腾讯、搜狐、网易、新浪等门户网站的客户端市场占有率为90%以上。

面对国内新闻客户端市场格局的现状，传统主流媒体如何“突围”，打造具有竞争力的新型主流媒体，坚守社会主流价值的传播阵地与传播影响力，是新媒体时代所面临的一个不容逃避的课题。

对于传统媒体来说，与新媒体融合的数字化转型意味着重新打造与以往传统经营模式有很大不同的生态链条，这包括对资源进行梳理整合、生产适合新媒体传播的新闻产品、终端平台发布、与其他媒体互动以及利益资源的分配等问题。以新华社与《人民日报》为例，两者均为中央级媒体，经年累积，有强大稳定的采编资源，拥有权威信息源的专门渠道，这些是“新华社发布”新闻客户端、《人民日报》客户端与生俱来的独特优势。在栏目设置与

---

① 参见：中国日报．艾瑞：新闻客户端用户使用时长1年增长两倍 网易排名第一［EB/OL］．http：//hen. chinadaily. com. cn/n/2014－05－20/NEWS23955. html，2014－05－20.

内容推送上，可依托固有优势特点，通过更为“亲民”的表现形式，赢得用户的欢迎。

遍布全球的一线采编资源。新华社全社有3000多名记者，在全球180多个国家设有新闻分社与新闻站点，在国内拥有30多家分社，“现场发布”、“第一时间”、“世界各地”、“一手资讯”是新华社新闻资讯发布的传统优势与独有特点，是国内众多媒体的首要资讯来源，国内其他媒体难以匹敌。“新华社发布”客户端延续发扬这一优势基础。“新华社发布”客户端因为其独有的资源基础，依靠自己就能生产出海量的优质内容，源源不断地满足用户的资讯需求。与其他媒体的新闻客户端产品相比，“新华社发布”客户端信息来源具有差异化，在内容传播上具有明显优势。与新华社新闻客户端相同，《人民日报》新闻客户端依托遍布全球的强大采编力量，在传递新闻资讯，评论时事热点，直播事件现场等方面都属强项。

作为中央级官媒所具有的独特资源优势，“新华社发布”客户端的功能设计，还包括各地政务服务信息、生活便民服务等板块，依托“新华社发布”打造的800多个地方客户端集群，为全国各地的用户随时随地提供关于家乡方方面面的互动性资讯服务，大大方便了用户的使用。此外，“新华社发布”客户端具有LBS智能定位功能，可以向用户推荐本地生活、服务、消费各类信息、资讯，是极具“亲民”风格的新闻客户端。“新华社发布”引进新闻推荐引擎技术，实现为用户从海量信息中自动推荐相匹配的新闻资讯。“新华社发布”也试图提高用户的体验水平，活跃用户互动，除了评论、转发、分享、本地个性化服务等基础功能，“新华社发布”设置了具有开放性的“自媒体”栏目，旨在吸纳与呈现UGC内容，吸引大量用户踊跃参与、互动。

《人民日报》新闻客户端在开发设计中，力图贴合与发挥新媒体的特点与优势，关切用户的需求，设置“闻、评、听、问”四大互动板块，意在带动用户的主体参与，满足用户的多样化需求。《人民日报》新闻客户端作为官媒的优势，具有“上通下达”的功能。《人民日报》客户端设置了栏目“问”，用户可以利用“最新提问”平台向有关部门与领导提问、咨询，“领导回应”则会给予解答，并且用户可对自己关切的问题进行动态追踪，获得最新讯息。优化后的新版《人民日报》新闻客户端，在原有基础上，又设置丰富了“帮、报、图、视”等板块，加强了用户体验的顺畅度。优化后的新版《人民日报》

新闻客户端，进一步凸显自身官媒优势，推出“政务中心”移动政务信息发布平台，最高人民法院、教育部、农业部、民政部等中央级机构部门以及各省市政地方党政机构陆续入驻客户端并发布信息。

构建现代化全媒体结构体系。新华社的媒体融合之路至今已取得的成绩：创办新华社新媒体专线，实现通讯社核心职能新媒体化，迈出向新媒体领域拓展的第一步；继而打造“新华通”新闻信息集成服务主平台，已推出三十多个大型多媒体集成报道产品，总点击量超过2亿，社会反响良好；举全社之力打造国内最大的党政客户端集群，抢占移动互联网和4G时代媒体融合制高点。《人民日报》新闻客户端正式上线后，与《人民日报》的法人微博、微信公众账号形成三位一体的移动传播布局。《人民日报》社从传统的纸质媒体，转型为以报纸、网站、刊物、微博、微信、新闻客户端、二维码、网络电视等多种传播形态的现代化全媒体矩阵。

3. 建立数字化传播联动平台

媒介技术的创新为传播带来新的开发空间，全面进入所有的新终端和新平台是当前国际国内传统媒体谋求转型的出路。打造网站、新媒体、博客、播客、手机电视、网络电视、即时通信以及网络游戏等数字化传播联动平台，是国内外传统媒体转型中不约而同在做的事情。国内传统媒体也积极地创办IPAD版、iphone版的报纸，开发移动客户端，尝试各种媒介平台的传播，以适应瞬息万变的信息社会。

在传统互联网时代，互联网传播的模式相对固化，形成一定的网络规则，建立了传者与受传者较为稳定的传播关系。然而，在当下全新的网络时代，传统媒体一家独大的形势一去不复返。比如新华社不再能垄断信息源，只有开创自己的客户端，对新闻资讯进行全方位的整合，建立为用户服务的业务模式。新华社开发了“新华炫闻”，实现数字化传播联动平台的一体化传播运作。该资讯产品涵盖短信、彩信、WAP网站和手机客户端等多种呈现形态，内容上以“炫闻”为核心，并同时推出“炫图”、“炫视”、“炫铃”、“炫阅读”系列产品。用户可以自由选择任一种形态产品，同时可以订制自己喜欢的栏目，满足个性化需要。新华社关注移动互联网的迅猛发展，将进一步开发无线互联网业务。新华社借助数字互联网技术把不同形态的产品整合到一体化的联动平台，既实现了跨媒介的内容资源整合，也实现了资讯服务跟踪、与用户互动、获取反馈、知识产权保护等衍生功能，从而取得跨越式发展。

隶属于新华报业传媒集团的《南京晨报》推出全国首张全媒体报纸，用户通过智能手机扫描报纸二维码，就能连接移动电视、网络信息、手机微博等功能获取信息，并可以与前方记者、后台编辑等进行实时互动。《人民日报》旗下的《京华时报》"云报纸"是国内第一家将图片识别技术和纸媒相结合的媒体，用户通过下载的APP软件拍摄报纸图片，经过"云计算"，图片所链接的详细内容就会呈现。这些传统媒体通过打造全媒体时代数字化传播联动平台应对媒介融合传播的现实，从而实现与新媒体的融合转型。①

（二）经营性转型

传统媒体虽然在体制上完成了转企的动作，但是因为强大的传统惯性，在管理、经营与采编等方面依然不同程度地存在着传统体制的运作特点，没有很好地适应新媒体发展快、观念更迭迅速的发展趋势。传统主流媒体亟须梳理思路，整合资源，定位特色，凝聚核心竞争力，以在新媒体市场上形成突围的后发之势。

1. 理念转型

革新传播思维注重用户体验与用户需求。对于新华社、《人民日报》这样的传统主流媒体来说，资金与技术都不是主要难题，难点在于传播思维观念的转变，是否能够灵活应对瞬息万变的传媒生态环境；内容资源也不是问题，关键是如何利用新媒体手段呈现内容。要彻底颠覆以往传统主流媒体一对多的单向传播思维方式，树立"用户至上"的经营理念，重视用户需求与用户体验，在技术细节、内容生产与呈现的细部走精致简约主义路线，要善于借鉴学习商业媒体的成功经验。

传媒国企还没有完全摆脱传统媒体的思维惯性和传播逻辑，比如媒体本位、仅仅看重内容，互联网则要求开放、分享、以用户为中心，传统媒体必须围绕用户谋求转型突围，才是抓住了最根本的问题，内容、渠道、终端等都是为解决这一根本问题而服务。在以往传统的传播环境与传播模式中，由传者决定传播什么，受众仅仅是被动地接受。网络时代信息爆炸，传统媒体

① 曹陇华．从消费主义视角看新华社传媒转型［J］．科学经济社会，2013，1.

的信息垄断性遇到巨大挑战，尤其是在新媒体时代，必须树立“用户至上”的经营理念。快速、即时、权威、准确是对传媒产品的基本要求。

新媒体数字化传播，已经不只是简单提供新闻产品，还要为用户创造在传播过程中进行社会化分享和交流的可能性，用户的社会交往需求成为考虑的重要因素。要根据用户的需求设计、打造，实现其多方面的社会价值，既能满足用户获取资讯的需要，也能满足用户交流分享的需要，也就是在新媒体传播中融入更多的社交元素。通过大数据分析技术，对用户的兴趣热点、活跃时段、地理位置、关键字定向、移动网络接入定向等做精准定位，最大程度实现用户获取资讯的便宜度、最大程度满足用户的个性化需求。还可以根据用户行为特征、阅读兴趣，酌情量身定做新闻资讯、推送内容，为用户实行贴身化的信息资讯服务。

秉持“内容为王”理念的同时，大数据时代还要求传媒国企在转型的过程中树立“信息为王”的理念，打造大数据平台，利用大数据技术满足用户个性化的信息需求，实现定制化资讯服务，形成商业闭环，实现商业价值。

互联网对传统媒体最深刻的改造便是传统媒体必须把握用户需求，然后用行之有效的商业模式去满足这些要求。“用户至上”思维意味着传媒国企要了解和调查用户的阅读兴趣、阅读情境、阅读方式，以及用户阅读时间、阅读习惯等，为用户提供最佳阅读体验和资讯服务，以培养用户黏性。

互联网环境下，各种声音交杂，传统媒体报道话语体系需要进行适应性的转换。主流传统媒体的报道理念要视角平民化、交流平等化、报道平衡化。在市场化、网络化的现代传媒环境中，主流传统媒体在转型过程中要注意摒弃话语垄断的优越感，以权威著称的《人民日报》、新华社这样的主流传媒应当构建亲民话语体系，提高官方舆论场与草根舆论场契合度、社会认可度及传播影响力，履行社会责任，并且要具备整合网络上的多元意见、平衡多元利益表达，有效引导社会舆论的能力。

传统国企需要对互联网带来的传播革命有更加深刻的认识，在转型思路上，如果只局限于依靠自身资源把互联网等新技术当成工具，去实现传统媒体与新媒体的融合，是失之肤浅和表面化的认识，仍然是停留在旧体制窠臼内的思路，那么就不可能实现真正意义上的转型，也就不可能在互联网数字化传播时代焕发新的生命力，因此，必须要意识到理念转型是首当其冲的当务之急。

2. 资本转型

2006年，中共中央、国务院发出的《关于深化文化体制改革的若干意见》指出：“鼓励和支持非公有资本以多种形式进入政策许可的文化产业领域，逐步形成以公有制为主体、多种所有制共同发展的文化产业格局。”国家将“重点培育发展一批实力雄厚、具有较强竞争力和影响力的大型文化企业和企业集团，支持和鼓励大型国有文化企业和企业集团实行跨地区、跨行业兼并重组，鼓励同一地区的媒体下属经营性公司之间互相参股。”2014年8月，习近平总书记主持召开中央全面深化改革领导小组第四次会议，会议审议通过《关于推动传统媒体和新兴媒体融合发展的指导意见》。《意见》出台后的第二天，由上海报业集团、元禾母基金和华映资本强强联手、共同发起的八二五新媒体产业基金正式成立，设立规模为12亿元。

2013年，十八届三中全会提出的《中共中央关于全面深化改革若干重大问题的决定》在“推进文化体制机制创新”部分提出“建立党委和政府监管国有文化资产的管理机构”和“对按规定转制的重要国有传媒企业探索实行特殊管理股制度”。《决定》指出，“推动政府部门由办文化向管文化转变，推动党政部门与其所属的文化企事业单位进一步理顺关系。建立党委和政府监管国有文化资产的管理机构，实行管人管事管资产管导向相统一”。《决定》明确提出，实行特殊管理股制度，转制后的国有传媒企业中国家持股比例可以降低，但国有股权在投票、决定权上将具有更高话语权，这在保证国家对国有传媒企业的足够控制力基础上，将有利于吸引外来资本。同时，文资委的成立将推动传媒行业跨地域、跨行业资产的整合，推进体制改革。①

经营现代传媒企业需要高科技、高投入、大产出，大资本投入是必要条件之一。完全依赖国家支持是不现实的，需要通过自我积累和吸引外资获得巨额运营资金。由于过去我国传媒经营的单一性，缺乏市场化、社会化的运营管理，因此主流传媒业与资本市场对接不畅，资本投入也缺乏正规合法的

---

① 张锐．蓝皮书：2013年度中国传媒业资本运作报告［EB/OL］．钛媒体网，www.tmtpost.com/，2014-05-06.

渠道。

传统媒体面临的困境越来越突出，报纸广告收入断崖式下滑。据我国规模最大的上海报业集团总经理高韵斐在上海报业集团内部经济工作会议上的讲话，上报集团2014年的预算广告收入仅为2005年的56.25%，新闻纸的耗纸量预计仅为2008年的一半左右，发行收入预计为2009年的75%。但是，《新闻晨报》、《东方早报》仍然没有完成利润预算。①

就传统媒体转型而言，借助资本融合有利于摆脱旧有体制的惯性与束缚实现转型。探索在确保国有控股和把握舆论导向的前提下，利用资本市场资源，以资本运营手段尝试引进社会资金、风投资金、民营资本等，对经营业务进行股份制改造，焕发在新媒体时代的经营活力，做大做强，完成自身的整体转型。

传媒国企要改变依靠过去有限积累求生存的困境，就要改变生产经营方式，尝试资本运营，面向市场融合资本，吸引多元化投资，增强传媒国企经济实力，改变传媒国企的经营环境，拓展经济增长空间，打破行业界限实现多元化发展，以资本为纽带实现跨媒介、跨区域、跨行业的集团经营模式。因此，传媒国企只有按照市场化运作，在政府政策的助推下，以资本为纽带，实现资产重组和资源整合，最终完成转型。

3. 人才转型

从现代数字化传媒的发展趋势来看，复合型的传媒人才将是未来传媒业急需的人才，这种复合型传媒人才应该是既懂传播，又懂如何应用媒体技术，同时还要了解用户需求。

特别强调传媒人才对媒介技术的通晓与应用，因为在过去传统媒体部门各自有专属工作内容，技术部门往往是一个辅助性部门，提供技术支持服务，因此媒体的技术人员对新闻产品的内容生产和形态呈现知之甚少或者绝少涉及，这显然是不适合当前互联网技术带来的新媒体时代对媒体从业人员的新要求。现在的媒体人员不但需要负责内容的采写编辑，而且要懂得如何利用新媒体技术去呈现内容，实现内容的社会附加值，利用新媒体平台去扩大内

---

① 郭全中．传媒业借助资本实现融合是大势所趋［EB/OL］．新浪财经，http：//finance.sina.com.cn/roll/20140829/140120161769.shtml，2014年8月29日。

容的影响力，这就要求传媒从业人员必须要懂得整个新闻产品的生产流程、技术环节以及内容产品发布后的后续服务等问题。

传媒内部必须要有这样的复合型人才才能真正适应转型在人力资源方面的需求。

（三）运作机制转型

1. 市场化转型

《人民日报》、新华社、《光明日报》这样的国家级传媒单位，在新闻信息生产链条上处于最顶端位置，然而互联网数字传播的新形势下，市场竞争压力变大，受众选择信息消费的自由度和余地大大增加，传媒国企必然要顺势而变，走市场化道路才能适应市场的需求。

网络时代消费语境下，在市场上做到一家独大很难，要加强与其他市场主体的合作。代表主流声音的传媒国企在过去是传播权威，但是现在市场化下要求寻求广泛合作，才能取得收益。加强与一流新媒体企业合作，从而以较低成本迅速进入新媒体领域，是尽快适应新媒体传播环境、顺利打开新媒体市场的有效方式。比如，著名国际媒体路透社曾与微软、美国在线合作即时通信，与黑莓手机合作手机媒体业务，在博客时代选择与全球之声合作等，通过与新媒体领域佼佼者的合作，迅速拓展自己相关的市场空间。从国内看，传媒国企改变思路，灵活应对新形势，比如新华社学习国外传媒经验，加强与国内最强互联网媒体的业务合作，包括搜狐、新浪、腾讯、网易等在业务上的联系，借助其极具影响力的网站、微博、移动客户端等平台发布新华社的新闻内容，重点编辑重点采用，并会主动联系新华社要求增加热点报道的内容，形成互利双赢的合作模式。新华社同时开发自己的移动客户端，并以市场为导向，增强为用户服务的意识，开展多种形式的新闻资讯信息的服务，注重与网民互动，打造热点大事件营销的传播方式等。

传媒国企在转型过程中，如何营利是最难攻克的问题。卖网络版和以内容质量吸纳广告，仍然是传统媒体经营的旧思路。没有将市场的开拓与新技术应用与传播新形态这些重大特征充分考虑，因此还处于低级的融合转型阶段。

传媒通过生产优质的新闻内容，了解受众心理，吸引受众，然后将受众“卖”给商家，实现利润，这是媒体主要的市场化盈利的运作方式。但是这种市场化运作方式流于粗放，随着大数据技术的广泛应用，市场化运作能够经由数据分析，可以实现个性化新闻订制，对信息消费用户的需求具有更精准的把握，生产出来的内容产品更具有针对性、个性化，吸引更多的受众，是媒体走市场化竞争的必然途径。

当下，数字营销成为数字传媒时代的市场营销特征。大数据技术为传媒广告提供了明确的市场推广方向与推广目标，并且可以轻松地跟踪用户的消费行为、获得用户的消费反馈，使得传媒产品的市场化推广可以进行更为细分、精准的运作，优化了市场推广过程，提高了市场广告的效果。

大数据技术使市场中每一个潜在用户都成为服务对象。在大众传播时代，传媒奉行的是“大客户主义”，市场推广因为不能预知成果而有成本风险。但是大数据技术可以捕捉每一个信息消费用户的动态，为传媒进行市场推广、投放广告奠定了基础，比如像新华社的网站、百度搜索网站可以通过数据技术即时获得准确反馈，以用户需求为中心进行调整、完善，尽可能满足每个用户个体的需要，而这些推广的市场成本并不高。传媒国企在市场化转型过程中，大数据技术的深化应用是做好市场推广的重要基础。

我国新华社等主流传统媒体在市场化浪潮中也努力地推动市场化转型，立足内容采编的业务优势基础，全方位拓展市场营销，形成采编、营销两分开、两支持的全新运作局面，以全新的现代消费理念推销资讯产品，实现传媒市场化运作的利润最大化。新华社对新华网进行了改版，在内容生产和形式风格上尽量适应新媒体需求，自2012年获得自身经营权后，开始培育以互联网为基础的盈利模式。积极开发新媒体业务，向全媒体格局发展，成功地吸引了一大批忠实用户，新华社再把稳定的客户群售卖给汽车、房产等都市消费群体，赢得了稳定的广告收入，并由此带来了效益的增长。①

2. 管理转型

作为传统媒体的典型代表，传媒国企原来的管理方式是各部门相对独立、有系无统。但是随着网络数字化传播时代的到来，这种管理机制已经无法适应、应对新的传播环境，传媒国企需要与时俱进，顺应媒介融合的传播趋势，按照互联网传播规律与发展趋势整合资源以重组管理架构，调整与理顺生产

---

① 曹陇华. 从消费主义视角看新华社传媒转型［J］. 科学经济社会，2013，1.

流程、运行方式和盈利模式，形成适合互联网时代的组织形态和运营方式，以统一的“集成管理”，推动自身在“第四次传播革命”中华丽转型。

建设与完善分工明确、运营专业化的新媒体团队与管理机制。从目前来看，传统主流媒体中开发新媒体的人力资源主要来源于原来部门人员的抽调、组建，没有形成专门的技术团队、经营团队与APP内容团队，这不利于传统媒体顺利跨越到新媒体业态，以及更好地适应互联网生态环境，传统主流媒体需要认识到，新媒体的运营不同于以往报网融合时代那种将网媒发布作为纸媒补充的做法，应作为一个独立的新媒体存在形态，进行全方位的打造与完善，使其具有运营的独立性，并通过成功的商业化运营为自身的生存创造活力与生机。传媒国企可以尝试与社交网站等网络聚合平台合作，从而迅速提升新闻产品的社会价值和传播影响力，从而完成传播社会主流价值的使命。在美国受到热捧、被称为“杀手级应用”的Flipboard，就是因为与聚合平台Twitter和Facebook社交网站的合作，而迅速打开巨大的用户市场。

从传媒市场化经营的角度而言，事业单位的管理体制对传媒国企有很多束缚，因此借鉴现代公司管理经验对于传统媒体转型来说是有必要的。过去，党政机关报收入主要依赖政府财政支持，属于非营利机制，现在数字传播技术的发展与市场规律的客观要求推动传媒不得不面向市场，应该尽快探索并转变为现代媒体管理模式。

媒介融合趋势促使“集成管理”成为具有可行性的管理思路，系统和协调是其管理思想的核心。从整体上制定战略，优化系统管理，创新与功效倍增，增强企业整体效应。对于传媒国企转型而言，通过集成管理来重新整合各类资源要素，协调整个运作机制，激发信息内容在媒介融合传播中的潜在效力。美国对传媒业的集成管理实践对我们具有一定的启示性，其传媒业具有独立的经营管理权利，通过一套管理标准，实现国内无线电广播、电视、电信、卫星和电缆等融合发展，同时为各种媒介传播提供宽松的发展空间，实现了传媒业资源共享、融合生产和营销整合的管理。

随着媒介融合趋势的推进，自2008年中国一些知名纸媒开始向全媒体转型，在管理机制上进行改革以适应媒介融合下的内容生产与传播。其中最有影响力的是《南方都市报》报业集团的“全媒体集群”战略并展开全媒体实践，提出“跨区域”办报、“跨媒体”集成发展和“跨行业”拓展升级三大战略。南都集团的探索实践立于三网融合利益格局实现全媒体集群管理的转型，仍然处于转型的初始阶段，还保留有传统事业体制惯性下的管理理念，表现在集团的架构、体制、机制基本延续传统，仅仅是在传播形态上实现平台多元化呈现，而距离真正统一协调管理下所形成的组织融合、传播融合、渠道融合的水平还有相当距离，这也是目前我国传媒国企转型过程中遇到的普遍问题。

传媒国企成功转型必然依赖数字传媒时代的管理体制转型，因此管理转型是我国传媒国企在全媒体时代做大做强过程中必须要下大工夫攻克的一个难题。

3. 生产转型

生产转型首先表现为内容生产主体出现用户生产（UGC）、专业人士生产（PGC）以及机器聚合生产。新媒体的内容生产模式与以往的传统媒体不同，更加注重用户的参与性与交互性，须优化新媒体技术系统和产品功能，实现性能良好的UGC生成与推荐模式。通过UGC途径，用户能很好地参与新闻客户端等新媒体的内容生产，客户端将用户参与创造的有价值内容整合吸纳，以加深用户体验度与参与意识。比如，在新闻事件突发现场，用户可以直接参与到现场资讯的报道与传播中。同时，优化客户端的用户互动评论区，根据客户端自身特点与用户需求开发具有个性化功能的交互方式，最大限度实现其交流、评论与传播功能。

重视内容生产的交互性与社会价值的开发。内容生产仍然是转型中传统媒体核心竞争力之一，但是内容生产的方式有了变化，那就是要改变传统的做新闻模式，以互联网思维做内容产品，提高适应新媒体传播的个性化内容产品的生产能力。同时，传统主流媒体依托自身优势，凸显自身新闻生产的专业性，在深度报道、分析评论、趋势预测等做出独到的内容产品，通过新媒体平台传播。进一步的，考虑到在信息时代用户碎片化阅读的现实，要平衡用户快速浏览和深度阅读的需求，对内容的生产、筛选和呈现进行有效、科学的管理与发布。不同于传统互联网时代讲求内容生产的“全”和“多”，移动互联网时代注重内容的个性化、切身相关性，一方面生产与提供优质的内容产品，另一方面还要为用户提供融合了多种媒介呈现形式的、丰富的互动体验与社会交往服务功能。

数据新闻生产的出现。大数据技术强大的挖掘功能使得数据分析具有了社会化特征，数据新闻应运而生。数据新闻通常是运用图表、地图、动画、视频等可视化技术来传递内容信息，事物之间的关系、发展变化一目了然，具有很高的社会化价值，是未来新闻内容生产的重要方向。

三、传媒国企转型中的问题与出路

在数字传播技术迅速发展的互联网时代，传媒国企转型首先要培养自身的互联网基因，其核心是理念上的转变，实践中则要进行实实在在的进行体制变革，从技术到管理，从市场到运营以及资本运作、融资能力等，最终构建起具有影响力与公信力的现代传媒企业。总的来说，传媒国企转型必须要立足系统性谋划，抓住关键问题解决、融通，目前，传媒国企需要在资源的重新整合与配置、管理体制等方面发力变革。

（一）资源的重新整合与配置

1. 新业务资源配置

传媒国企转型中的资源配置需要改变既往的配置定式，按照全媒体传播对新业务的要求来进行资源配置，以保证转型期业务资源配置的充实性、条理化与顺畅度。

传统媒体业务内容主要是采编，市场方面是广告和发行。内容相对单一、稳定，而对新媒体出现以来所带来的变化来看，业务范围已经跨界拓展，比如电子商务、在线理财、投资、文化地产等，涉及面之广远远超出传统媒体的业务范畴。适应形势保持发展态势，传媒就必须要做足资源配置以培育新业务的顺利成长和发展。如果像以往程式那样为新业务进行资源配置，支持新业务发展的资源将十分有限。因此，传媒国企在新业务转型的资源配置上，要按照新业务规律进行配置，而且要具有前瞻意识，做长远的投入规划。因为媒介传播技术带来的传播革命绝不是简单的增加一个业务部门那么简单，它是对整个传播结构和传播流程的颠覆性改变。只有深刻地认识到这一点，才可能避免在新业务资源配置与投入上的短视思维。

传统媒体发展新媒体在经营传统业务时，利用原有的内容资源和市场资源优势，打造新媒体业务，比如传统广电媒体可以在原有的节目与广告的基础上，通过移动客户端、网络电视、手机电视等新媒体开发与传统媒体共享的内容产品，以实现资源的最大效用，从而形成传统媒体、新媒体、文字、图片、视频等多渠道多形式传播，形成完整的从内容生产到市场营销等的传媒产业布局，以及从生产制作到运作经营的上下游产业链一体化的全媒体业务发展形态。优化媒体资源利用流程，设立媒体资源数据库，将内容产品、内容素材等存入数据库，传媒的各个分支平台包括纸媒、电视、网络、手机、广播等都可随时调出作为素材资源进行内容生产，以节省人力、物力和财力等资源。同时，还可以建立社会信息资源上载平台，吸引用户上传有价值的内容资源。

简而言之，传媒国企转型中要适时调整组织结构、整合资源综合利用，实行事业部和职能式相结合的扁平化组织结构和管理，实现业务资源价值的最大化，提高资源利用的效率和效益。从而实现传统媒体与新媒体的资源整合、新旧媒体融合的全媒体发展格局。

2. 人才资源配置

传媒国企转型中开发的新业务岗位需要相应专业人才。目前来看，存在着人才错配的问题，并不能完全满足和适应新业务的需求。

传统媒体在新媒体业务的人员配置上，大多是将传统业务中的优秀人员调动到新业务岗位上，但是随之而来的问题是，因为传统业务与新媒体业务具有不同的传播特性，对人才专业知识、业务能力和综合素质均有不同的要求，传统业务人才未必能在新媒体业务中做得好，同时由于传统思维惯性而不能很好地适应新媒体业务的创新需要，因此，传统国企在转型时对人才的调配与引进，有必要按照新业务、新岗位对专业与技能的要求来充实岗位。

大数据技术、新媒体传播亟须新型媒体从业人员，他们了解大数据，懂得必要的数据分析方法以及如何运用大数据技术剖析社会问题，掌握机器学习、电脑操作的基本技能，与此同时还具备传统媒体人对社会、时政、经济等的辨识能力、洞察能力、文字能力等，应该说，这个时代对媒体人员的素质要求是更加全面和更高标准的。

此外，数字化全球传播的大背景下，我们要培养一批懂得跨国经营管理和国际市场营销的涉外项目策划、文化经纪的传媒经营管理人才；需要熟悉国际惯例和规则、擅长媒介市场运作和资本运作、具有战略思维的外向型经营人才等。

3. 规模化资本投入

随着移动互联网、云技术的快速发展，手机客户端、微信自媒体等新传媒业态相继出现，吸引大量资本投入。从发展趋势来看，传媒企业的转型发展要依赖“文化 + 科技 + 资本”的路径模式。

移动互联网的普及加速了传统媒体的转型需要，传统媒体面临着资本市场压力。然而传统媒体自身资本积累少，与新媒体融合转型却需要大规模资金投入，这就要求传统媒体通过寻求合作的方式来吸引规模资本的投入。2013 年《中共中央关于全面深化改革若干重大问题的决定》提出对按规定转制的重要国有传媒企业探索实行特殊管理股制度，即在确保国有股权具有最高话语权以及国家对传媒国企具有控制力的基础上，转制后的国有传媒企业中国家持股比例可以降低。这意味着有利于吸引外来资本对传媒国企的投入。纵观国际传媒企业巨头的发展经验，如新闻集团、时代华纳等，无一不是通过资本运作的方式发展成为国际化的传媒集团。以内容生产为主的传统媒体与以渠道取胜的互联网新媒体结合，必将从中产生具有影响力的大传媒集团，而规模化资本的投入是传媒国企在转型中做大做强的必要条件。

传媒业本身就是资本密集型产业，随着传统媒体的转型走向深化，传媒国企只有借助资本市场，吸引到规模化资本的投入，才可能实现大的发展。在移动互联网技术的背景下，国家政策支持、跨界融合的趋势、三网融合重启、用户市场的巨大潜力都在推动传媒国企借助资本完成华丽转型。

（二）突破既往管理体制窠臼

1. 厘清互联网思维战略路径

在传播环境发生巨变的传媒市场竞争中，及时厘清战略路径非常重要。传媒国企的转型发展，除了抓住战略时机之外，还要根据自身的资源基础、发展定位制定互联网时代的发展战略，才有可能保持长久的生命力和活力。

每一个传媒企业都面临不尽相同的具体情况，因此在把握转型时代的共性关系下，要分析自身具体所处的环境和水平位置，在立足自身内部资源和运用能力的基础上，制定出适合自身的可行性战略。尤其是在互联网时代，传媒国企的经营必须要具有互联网思维，也就是要开放、连接，打通与整个时代环境的各种联系，聚合信息资讯、技术平台、合作伙伴、传播渠道等多方面支持，充分占有资源才可能在竞争中具备实力基础。

战略路径选择须具有独特性、差异性，才能在互联网时代争得一席之地。因此，在充分占有互联网资源的基础上，要开发具有特色价值的内容产品，展开具有特色的一系列经营活动，传播独具价值的理念和认知，以形成难以被模仿的特色竞争力作为在互联网时代的核心实力。因此，在互联网传播时代，传媒国企要面向市场谋战略、重经营，实行互联网战略探索以及适合全媒体传播的生产与传播流程的设计。

2. 创新与完善新形势下的约束激励机制

转型时期，传媒国企如何调动与激发员工的工作热情与积极性，依靠建立一套适用于媒介融合时期的约束激励机制。2013 年 11 月，党的十八届三中全会《中共中央关于全面深化改革若干重大问题的决定》提出对按规定转制的重要国有传媒企业探索实行特殊管理股制度，有望带来对国有企业管理团队和核心人员的有效激励，释放企业市场活力和增强竞争力。2014 年 2 月，中央全面深化改革领导小组第二次会议审议通过的《深化文化体制改革实施方案》把在传媒企业实行特殊管理股制度试点列为 2014 年工作要点。

一般来讲，传媒国企普遍以年薪、绩效考核以及岗位职务激励措施作为约束激励机制。这种激励机制在适应市场化竞争中，凸显出其不适的问题。年薪、绩效考核逐年进行激励，缺乏长期效果；岗位职务激励限于岗位数量，并且激励效果不长久，因此这种激励机制并不足以在应对市场压力下激励员工出色工作以保证传媒国企可持续发展。现代企业管理中行之有效的产权激励制度，不能完全适用于我国国有传统媒体，因此如何创新新形势下传媒国企的员工激励体制是转型中尤为关键的一步。

作为传媒国企代表之一的南方传媒，提供了具有创新价值的思路，具有启示意义。随着传媒市场化运作的加速，过去工资、绩效奖金和岗位职务的传统考核激励机制渐渐失去明显的有效性，南方传媒在约束激励体制上进行了创新，推出一套类似现代企业具有的长期激励效果的激励机制，即在保证国有产权不变和保值增值的基础上，将经营者的报酬与企业资本收益挂钩和捆绑，这样经营者的收入分配就与传媒企业经营的好坏紧密相关，其效果类似股权制度的分配机制，使南方传媒转型过程中，更好地适应与市场化以及与网络新媒体进行竞争，对内形成长效的激励作用，确保南方传媒能够可持续发展。据信，南方传媒在开发新媒体手机电视业务上采取了部分股权激励办法，成效良好。除了建立相应的激励机制，传媒国企转型还要创新管理制度的建设，只有从组织架构、管理模式、管理办法和监督机制等方面完善优化内部管理制度，才能提高传媒企业整体的组织创新能力，建设学习型媒体团队，迎接日新月异的媒介新技术带来的挑战。

总而言之，传媒国企转型是一个复杂的、系统性的变革过程，其转型不只是停留在如何借助新媒体平台扩展经营业务，说到底是如何在数字技术环境下和市场化加速的现实下全方位地完善、增强生产与发展能力的过程。

张力

中国人民大学文学博士

北京市社会科学院与中国传媒大学联合博士后　副研究员

第四章 BAT 攻略

BAT 是中国互联网公司百度公司（Baidu）、阿里巴巴集团（Alibaba）、腾讯公司（Tencent）三大巨头首字母缩写。它们是中国互联网领域占据绝对主导地位的三大巨头，互联网文化企业的各方动态，都与 BAT 密切相关。

一、BAT 与互联网金融

互联网金融的出现深刻冲击了传统金融行业，BAT 正在将其触角深入互联网金融，并实现了优势互补，形成良性的具有生命力的互联网金融生态，这也是 BAT 在金融领域进行深入布局的路径选择。

（一）BAT 对互联网金融的影响

1. 百度的互联网金融计划

百度的互联网金融计划中最知名的应该是“百发”计划。“百发”计划实际上是一项组合形式的理财计划，该计划依靠百度强大的大数据分析挖掘技术，帮助投资人实现更好的收益率。百度采用互联网的思维创新金融理财的形态，希望能使广大网民受益，并推动全民互联网理财时代的到来。高达 8% 的年收益和 1 元的超低门槛，百度“百发”着实吸引眼球。

目前，百度的金融业务包括百度理财、百度小贷和金融知心。2014 年 10 月 28 日，百度金融中心和华夏基金联合推出百度理财，售后支持快速赎回，即时提现。百度小贷以中小企业为主要服务对象，致力于以更低成本和更快捷程序为广大中小企业提供融资服务。在与中小企业的长期合作中，百度掌控了大量数据，对于企业的融资困难和经营状况非常熟悉，依托合作关系和大数据手段，百度能够在低风险和高效率的前提下为客户提供小额贷款服务。

金融知心是百度在传统搜索上进行的重要技术创新，通过识别用户查询背后的真实意图，百度聚合了各类信息系统化展示，并占据搜索结果的最佳位置。金融知心根据用户的检索和需求，通过百度的大数据分析挖掘技术，将优质的潜在购买者筛选出来，直接把流量输送给客户，这可以看做是搜索技术在互联网金融领域的应用。

2. 阿里巴巴的互联网金融计划

阿里巴巴一直是互联网金融领域的焦点。早在 2013 年，阿里巴巴的 CEO 马云开始关注金融和互联网的结合。阿里巴巴的“支付宝”被认为搅乱了金融支付，而“余额宝”的出现更是颠覆了传统银行的存款业务，其收益远远高于银行活期存款。余额宝是阿里巴巴与天弘基金合作创新的货币基金型理财产品，主要是为了满足支付宝用户的小额富余资金增值需要。

众所周知，银行有三大传统业务——存、贷、汇。阿里巴巴的支付宝实现了由电商到汇，余额宝实现了由汇到存，而阿里小贷则实现了由汇到贷。由此，阿里巴巴的网络银行计划初现成效。

3. 腾讯的互联网金融计划

早在 2005 年，腾讯就成立了类似于支付宝的第三方支付平台——财付通。2011 年，腾讯花费 3.8 亿元人民币收购了证券投资分析软件公司益盟操盘手 20.2% 的股权。2013 年 3 月，腾讯公司董事会主席兼首席执行官马化腾公开表示，正在考虑申请相关金融业务牌照。同年 8 月，腾讯和长城证券展开进一步的深度合作，双方的目标是合资成立网络证券公司。同月，腾讯对其旗下的微信进行了改造，添加了财付通的微信支付功能。9 月，腾讯与浦发银行在上海签署《战略合作协议》，开创了中国互联网企业与金融业跨界合作的崭新模式。同时，经广东政府审批，银监会批准，腾讯控股获批民营银行牌照。

4. BAT 的互联网金融布局比较

BAT 三巨头中，百度的优势在于数据挖掘，其互联网金融布局主要是依托技术优势，对搜索的数据进行整合；阿里巴巴作为电商，与互联网金融联系紧密，其优势是具有强大的电商平台，支付宝主导了支付领域，供应商的信用数据则为其涉足小贷领域奠定了基础；腾讯的优势在于以 QQ 为主导的社交关系链，同时其在电商领域的布局与阿里巴巴的业务相近。

表 4-1：BAT 的互联网金融布局

	百度	阿里巴巴	腾讯
优势领域	搜索平台	交易平台	社交关系链
发展阶段	初步布局，渗入不深	全方位尝试	布局不明显，探索期
服务对象	金融客户、小微企业客户、公众网民	小微企业、公众网民	公众网民
业务布局	百度小贷、金融知心、百度理财	阿里小贷、支付宝、担保、保险、基金、金融产品销售	会员以及游戏的增值服务，财付通，微信支付，金融产品销售
强势业务	基于流量分发的“金融知心”	阿里小贷	会员及游戏增值服务
发展方向	金融产业链布局	金融产业链布局	金融产业链布局
核心优势	70%的搜索流量份额；搜索、大数据、云计算技术	最大的电商交易平台	强势的社交关系网

（二）BAT 影响下互联网金融的发展方向

随着互联网对传统行业的加速整合，金融行业正成为 BAT 三巨头相互角逐的战场。搜索业大佬百度已经进军互联网金融，互联网界的巨人腾讯正在创办民营银行，阿里巴巴则涉足网络银行。BAT 正在深刻影响着未来互联网金融的发展方向。

1. BAT 与理财跨界融合

BAT 与理财跨界融合始于在线支付。2005 年，腾讯为了满足其游戏用户等方便、快捷的在线支付需求，推出了专业的在线支付平台——财付通。2011 年 5 月，阿里巴巴的支付宝获得央行颁发的首批第三方支付牌照，其满足了淘宝网用户安全、方便、快捷的交易支付需求。2013 年 8 月，微信 5.0 版推出微信支付功能，为微信用户开通了购物和移动支付等功能。2014 年 4 月，百度也推出了百度钱包，争夺移动支付的大蛋糕。

此外，基金销售成为 BAT 进行互联网创新的切入点。余额宝是与天弘基金合作创新的货币基金型理财产品，目的是满足支付宝用户的小额富余资金增值需要；2014 年 1 月，微信推出“微信理财通”，为微信用户提供了一个移动金融理财平台；百度理财也发行了“百发”和“百赚”两款产品。

智能终端的出现，赋予了移动互联网金融无限生机，使得以消费者为中心设计金融产品成为可能。在移动市场发展的大背景下，BAT 必将借助其大数据优势，不断推出新的移动理财和移动支付产品。未来的互联网金融战场，将逐渐转移到移动互联网上，这也是创新的大方向。

2. 金融创新大爆发

BAT 之所以能够占据互联网金融的大半江山，“宝宝”类产品之所以能够抢走传统银行的业务蛋糕，不仅是由于 BAT 顺应了金融市场化和理财大众化的发展趋势，更是因为其多年来积累了庞大客户和数据资源。

BAT 在互联网金融领域的发展，取得了积极的效果。BAT 推出的互联网理财在满足普通消费者理财需求的同时，也发挥了“鲶鱼效应”，促使一批“银行系”低门槛理财产品随之跟进。

阿里巴巴依靠电商平台积累了很多潜在客户，而腾讯的社交网络也拥有庞大的客户群，它们的网络银行把互联网基因和技术手段嫁接到银行业务中，在服务模式上与传统的银行网点模式有很大不同。

3. 互联网金融生态改善

BAT 依据海量客户群、大数据以及开放的商业生态体系，尤其是多年来积累的巨大现金流等优势，加快了对互联网金融生态体系的改善和渗透，2014 年以来进行了令人眼花瞭乱的收购兼并动作。以阿里巴巴为例，它动用上百亿元资金构造自己的互联网生态体系，先后投资收购了文化中国、佰程旅行网、Tango、银泰商业等企业，其终极目标在于打造互联网金融的产业链条。腾讯紧随其后，在京东赴纽交所上市前，花费了 2.15 亿美元收购京东 15% 的股份，并把旗下的电商资产连同物流业务打包并入京东。互联网文化企业成为 BAT 金融生态的重要构成内容。

BAT 的互联网金融战略，确实给传统金融行业带来了很大冲击，但是它们之间更多地体现一种互补。通过二者的相互结合，互联网金融生态将得到很大改善，形成一个生机勃勃的系统。BAT 三巨头在风险控制方面不如传统金融企业有优势，特别是与互联网技术结合之后，金融产品的操作风险和信用风险会随着互联网的传播而出现风险扩散。因此，在互联网金融发展之初，BAT 实际上是提供了一种既有金融产品的渠道。此外，金融机构与 BAT 之间，有着目标客户、基础技术和商业服务的一致性，这让二者的业态融合和优势互补成为可能。

二、BAT 与文化产业

（一）BAT 的文化产业布局

BAT 三巨头进军文化产业，目的是为了追求文化产业为其带来的巨大的品牌价值，它们的进入掀起了一场前所未有的互联网文化狂潮。它们的触角涉及电影、数字音乐、数字出版、在线旅游和在线教育等领域。目前，BAT 从文化产业获得的经济利益只是小荷才露尖尖角，其未来的潜力不可估量。

1. 投资并购文化企业

与独自建立一家企业相比，并购具有两大优势：首先是可以节省时间，迅速建立新企业；其次是可以直接获得稀缺、有价值、难以模仿和难以替代的战略性资源和商业模式。与合资相比，并购的最大优势是使可以获得企业的控制权。

互联网的出现为文化产业提供了信息发布的平台，但是话语权往往被实力雄厚的文化企业所掌握。如今，互联网的浪潮席卷各类行业，BAT 早就将战略布局的眼光投到资本密集的文化产业，不惜花费巨资构建具备互联网基因的产业链，准备在庞大的市场中占领一席之地。BAT 进军文化产业一方面是由于文化企业具有良好盈利能力，另一方面是因为并购文化企业目前在国家及地方政策层面享受诸多制度利好。

BAT 的入局充满着“土豪”的霸气。2014 年 3 月，阿里巴巴投入 62.4 亿港币收购了文化中国 60% 的股权，获得了该公司旗下多位知名电影人的投资优先权；同年 4 月，由马云和史玉柱参股的云溪投资入股华数传媒 20% 股权；随后，阿里巴巴和云峰基金共同投资 12.2 亿美元收购优酷土豆。除了大规模并购影视文化公司之外，阿里巴巴还和国华人寿合作发售“娱乐宝”，第一期 7300 万元规模的 4 个投资项目迅速销售一空，其众筹电影的新玩法也成为文化产业的热门话题。

百度也不甘落后，首先是斥巨资收购了 PPS 和爱奇艺；随后投资 4000 万美元参与美国洛杉矶电影制作公司的动画电影项目；与此同时，百度目前已经与中信信托、中影集团达成战略合作，共同打造互联网众筹平台。2014 年

8 月，爱奇艺与华策影视共同宣布，双方出资成立华策爱奇艺影视公司，为视频网站提供多元化互联网影视作品，并围绕内容 IP 进行游戏和电商等衍生品的开发工作。

BAT 大手笔涉足文化产业，对文化产业来说是一个利好消息，因为有着雄厚资金实力的巨头的进入，文化产业的整体实力将得到显著增强。在资本和渠道的双重支持下，加剧文化产业行业竞争，推动企业优化升级，所带来的直接效应是大量优秀文化产品的出现。同时，也促进文化产业各子行业之间的联系更加紧密，从而创造出更大的市场价值。

此外，在 BAT 的带动下，文化产业的并购热潮迅速席卷资本市场，各类上市公司跨界收购影视资产的消息不断。据统计，A 股市场已发生 61 起文化产业的并购案，其中 60% 是跨界并购影视行业的案例，来自食品、制造、酒店、旅游、科技等行业公司纷纷选择通过并购文化产业资产来进行战略转型。

2. 跑马圈地移动互联网

2013 年以来，BAT 开始跑马圈地移动互联网行业。在一年之内，百度完成了对 91 无线、PPS 和纵横中文网的收购；阿里巴巴投资了新浪微博、快的打车和高德地图；腾讯则注资了搜狗和嘀嘀打车等企业。BAT 的圈地运动并没有局限于此，继全面收购 UC 浏览器之后，2014 年 6 月，阿里巴巴成为文化中国的第一大股东；紧随其后，腾讯投资 7. 36 亿美元获得了 58 同城 19. 9% 的股份，同时还投资了大众点评和京东等企业；百度则将团购网站糯米网收入囊中。连续的并购大战，让三巨头基本完成了在移动互联网领域的布局。

"微信"一直是腾讯的重头武器，为了围绕微信构建一个广泛且有深度的生态系统，腾讯一改过去以绝对控股为目标的投资方式，而大量采用入股，甚至倒贴的方式来完成其在移动互联网领域的布局。如今，腾讯已经构建起了以微信为中心，大众点评、京东、58 同城、乐居、华南城和同程网等各种生活服务为辐射的生态环境。

在收购了 91 无线之后，百度以"移动搜索、地图 LBS、APP 分发"与腾讯和阿里巴巴相抗衡。阿里巴巴也不甘示弱，在拥有了 UC 浏览器之后，阿里巴巴也手握一只移动互联网的重武器——"UC 浏览器 + 支付宝钱包 + 高德地图"使其形成了移动互联网的战略纵深。目前，阿里巴巴各平台商品交易总额的19.7%来自移动端，其移动零售占中国总移动零售规模的76.2%，阿里巴巴的移动端月活跃用户上涨至1.63亿。

3. 打造全产业链

完成对文化行业和移动互联网行业的布局之后，BAT并没有就此停下脚步，它们开始致力于打造互联网文化行业全产业链。

腾讯借助旗下的QQ音乐，积极布局数字音乐正版化建设，成为华纳音乐、YG娱乐和索尼音乐等音乐公司在中国内地的独家版权总代理。目前，QQ音乐已经和超过百家唱片公司达成了正版合作，QQ音乐负责合作公司在内地数字音乐版权推广、管理及分销业务。QQ音乐作为版权战略合作方，今后将从版权开始，结合QQ音乐用户的特点，健全正版曲库，优化拓展产品业务，打造粉丝经济等多元化数字音乐营销模式，并与更多音乐载体如音响、车载等合作，构筑一个开放融合的数字音乐生态圈。目前众多音乐平台均在抢占版权资源，这已成为音乐平台的常态。尤其是对于文化创意产业而言，版权是前提。只有拥有了优质的版权资源，企业才能在市场中拥有更多的话语权。

阿里巴巴在数字音乐业务上的起步较晚，但是，在收购虾米音乐网和天天动听并设立音乐事业部后，阿里巴巴充分发挥了自己的电商优势，将电商模式与数字音乐深度融合。目前阿里巴巴旗下的虾米音乐网已与淘宝商家展开合作，包括使用虾米音乐网提供的付费背景音乐，购买虾米VIP权益卡赠送消费者等。另外，热门娱乐节目《中国好声音》还联手虾米音乐网开设天猫中国好声音旗舰店，试水艺人经纪电商模式，邀请《中国好声音》学员为店铺做短期代言。与腾讯和百度相比，阿里巴巴最大的优势在于庞大的商家规模，其潜在用户包括天猫、淘宝和聚划算在内的2.13亿活跃买家，这不仅有利于带动网络音乐的销售，也有利于培养网络音乐甚至数字内容产业用户。

百度是国内最大的搜索引擎，其在数字音乐领域上的优势不言而喻，拥有庞大的用户流量使其拥有较强的推广能力，可以在短时间内使一首歌曲或一位音乐人以极快的速度获得公众的注意。百度于2014年5月推出全新King榜频道，宣告国内首家正版音源榜正式上线。据了解，King榜将以网友试听、云收藏、下载、搜索量、贴吧签到数五项数据为依据，对3个月内发布的正版付费单曲进行打榜，将相关的正版音乐科学排名，明星人气也将有形量化。

百度希望基于大数据的支撑，全面调动贴吧、音乐、视频等百度全平台资源。

2014年11月27日，百度文学正式成立，发布了包括“纵横中文网”、“91熊猫看书”、“百度书城”等子品牌在内的完整架构，整合百度贴吧、百度游戏、百度音乐、百度视频、91无线等百度系资源支持，并现场签约游戏、影视等多家合作伙伴。百度文学称，正在推行的产业模式，并不是卖出版权就结束了对一部作品的开发，而是会全程参与到作品版权改编的各个环节，成为投资方，也成为收益方，凭借百度文学的平台优势，通过整个百度的资源支持，用完整的产业模式去运营一部作品的最大价值，这是真正的跨界破局。

2014年9月26日，长江传媒全资子公司湖北长江传媒数字出版有限公司与浙江淘宝网络有限公司、淘宝（中国）软件有限公司在武汉签署战略合作协议。长江传媒与阿里巴巴共同致力于数字出版协作，从数字内容资源、平台建设与运营等角度展开合作，此外，双方还将共同探讨与尝试由内容提供商业驱动力，牵引出功能、消费与服务的新商业模式。

2014年12月4日消息，盛大文学旗下的起点中文网正式以第三方渠道的身份接入腾讯文学，双方的交易已经基本完成，只待宣布。此外，“腾讯电影+”与上海世纪出版集团推出国内首个“电影图书出版合作映前开发战略”。该战略通过对电影周边出版物的模式创新、读者细分的研究与探索、线上线下互动融合出版等手段，期望在三年内打造超过1.5亿码洋的腾讯电影出版蓝图。在音像版权方面，“腾讯电影+”与京东将携手推出系列音像制品，并通过对电影创制花絮、纪念周边等衍生产品的整合，结合预售、片场探班、发布会明星见面等互动参与模式，为粉丝带来更具参与感和高附加值的互动体验。

BAT还把产业链延伸到线上教育，先后推出各自的线上教育平台。百度日前已经投资教育机构万学教育，全资收购在线教育平台“传课网”，百度在线教育业务与传课合并，并更名为“百度传课”。腾讯和阿里巴巴在线上教育领域的平台布局，也已经初具规模，目前形式主要以视频点播为主。2014年2月，阿里巴巴与新加坡淡马锡公司和启明创投共同向线上英语学习机构Tutor Group投资近1亿美元。2014年4月，腾讯上线腾讯课堂，为QQ用户提供语言学习、技能培训、考证考级等方面的课程培训。用户报名课程后，直接可以透过QQ群收听直播课程，并与同学一起讨论，腾讯也为QQ群开通线上支付功能。

随着移动互联网崛起，众多以机票、旅游攻略、旅游目的地服务为切入点的在线旅游APP蜂拥而至，BAT三大互联网巨头以收购、入股的方式加入在线旅游的战场。阿里巴巴在自建淘宝旅行的同时，投资了在路上、穷游、佰程等多家不同领域的在线旅游网站；百度更是对在线旅游龙头去哪儿网进行战略投资；腾讯则通过股权收购形式进驻同程网和艺龙。

（二）目前存在的问题

通过最近几年的资本运作，BAT已经初步完成了其在文化产业的布局。前进的道路总是曲折的，隐藏在迅速扩张进程中的不安定因素逐渐显现，三巨头必须正视这些存在的问题。

1. 整体商业模式不清晰

目前，BAT的收购在很大程度上只是一种造势行为，尽管它们占据了多个入口，并且形成了全面业务组合和全价值链，但是在实践中它们如何形成一个具有可实现性和盈利性的整体尚不明朗。从好的方面来看，它们可能会形成一个生态系统，在这个系统中物种自由地繁衍、变异、传播，从而产生巨大活力。然而，就目前来看，BAT中还没有一个公司能够管理这样的系统，这中间必定会产生大量的耗损与失败。

2. 整合蕴藏的巨大风险

整合是并购过程中最大的风险来源，当并购企业看重的是被并购企业的创业者、创业者所带领的团队以及他们创造的商业模式时，整合就将成为一个极具艺术性的任务。创业者总是很敏感和骄傲，他们有时很难适应大企业的管理方式，也未必会认同新的战略安排，从而放弃自己的构想。BAT在并购过程中不乏失败的例子，阿里巴巴整合口碑网失败，李善友及其团队在盛大收购酷6网一年半内离职，都是由于双方企业无法整合而导致最终并购失败。

3. 面临结构调整问题

人们永远无法预期结构性变革的变化幅度和速度。互联网的发展即如此，目前它的潜力还远未释放出来。接下来的也许会是一个非常动荡的互联网时代，没有企业能够肯定自己会成为赢家。事实上，不仅BAT在疯狂并购，谷歌、Facebook 也是如此。从某种程度上看，这些企业正是担心未来被新的环境变化所抛弃才如此疯狂并购，但是即使这样也不能保证在下一次大潮来临时，它们还能独占鳌头。

（三）BAT 战略的未来发展方向

鉴于当前潜在的问题，在未来 BAT 需要完善自身产品生态，提升竞争力，同时要加强防守，防止竞争对手的出现。

1. 全业务覆盖

随着互联网在人群中的普及，未来互联网应该能够更加完美地满足人们对于搜索、社交、娱乐、购物和本地生活服务等需求，由此，BAT 三巨头长期的发展方向必然是成为“全业务公司”，全方位满足网民们的需要。

2. 全入口接入

BAT 成为“全业务公司”还有其迫不得已的原因，任何业务都有可能成为引向其他业务的入口，比如从搜索转向娱乐、购物，或由购物转向娱乐或本地生活服务。在“流量决定一切”的互联网经济中，这一特点至关重要，因此，当它们想要成为或者留在互联网经济的第一阵营时，这是其必须追寻的战略。

3. 全价值链模式

对于产业链上下游的资源争夺是 BAT 三巨头未来的主要竞争方向。目前，阿里巴巴联合“三通一达”成立菜鸟网络，开始对传统物流网络进行重新定义。此外，腾讯、百度和阿里巴巴在移动互联入口方面的争夺行动，也体现了其在互联网领域产业链上游的资源争夺。

全价值链模式不仅与客户的体验有关，也与盈利模式有关。当客户进入互联网情境中消费某些服务时，他们需要无缝衔接的体验，这就要求企业提供从入口到搜索或推荐，再到选择，然后支付，最后是递送或物流的全价值链服务。在“免费经济”盛行的互联网公司中，寻求盈利来源困难重重，很多公司规模已经做得很大但依然亏损，而全价值链为公司提供了较多的选择，使其可能创造出多个盈利来源。基于这一战略，百度、腾讯和阿里巴巴将触角伸到了原核心业务之外，如百度沿着流量分布进行价值链延伸和布局，从通用搜索向垂直搜索（家装领域的齐家网、旅游领域的去哪儿网、房产领域的安居客）、网上阅读和视频（番薯网、糯米网、纵横中文网、PPS），从传统互联网到移动互联网（91 无线）。阿里巴巴的收购是全方位的移动互联网布局，包括移动互联网入口，社交、门户、工具、金融，而腾讯坐拥强大的社交媒体（微信和 QQ），其收购与合作的主要目的是补强在电商、搜索等细分领域的“短板”。

三、BAT 与 O2O

在移动互联网的推动下，O2O 电子商务模式应运而生。BAT 三巨头用自己的方式涉足 O2O，或投资，或入股，或收购，或合作，希望用互联网工具改造传统行业，实现虚拟经济与实体经济的大融合。这些大融合，依托于特定群体的消费习惯、选择文化等大数据分析，形成以社交等文化生活为入口进而开展产品营销的商业模式，成为互联网文化产业领域的新生力量。

（一）BAT 在 O2O 的现状

1. 阿里巴巴整合消费产业链

阿里巴巴在电子商务领域的地位无疑是最强的，旗下不仅拥有知名品牌淘宝（C2C）和天猫（B2C）等综合电商平台以及支付宝在线支付利器，而且为了进一步完善电商产业闭环和弥补物流短板，早期就入股了百世物流和星辰急便。2013 年，阿里巴巴投资组建了中国智能物流骨干网，随后又入股了海尔的日日顺物流。2014 年 5 月和 6 月，阿里巴巴与新加坡邮政和中国邮政达成了合作协议。

但是，这些投资行为基本属于在线购物和物流配送的范畴，面对线上结合线下的 O2O 模式，即在线交易和到店消费或场景服务的兴起，特别是腾讯和百度的步步紧逼，以电商起家的阿里巴巴不得不加速转型，把服务沉到线下，打造基于电商体系的线上加线下的消费产业链。

阿里巴巴在 2012 年以前只是进行了一些零散投资和收购，对 O2O 模式展开初步试探。但是，从 2013 年开始，阿里巴巴开始挥出重拳，通过投资和并购等方式从战略层面布局 O2O，力图打通线上线下各种渠道，让消费者随时随地利用各种终端和入口进行全天候购物、互动和体验。

阿里巴巴用资本快速铺就的 O2O 已涵盖社交、移动、视频、旅游、地图、本地生活服务、零售百货等诸多行业，若再加上自建的 O2O 平台，如淘点点、淘宝本地生活、聚划算、淘宝旅行、微淘、来往，以及“码上淘”和“支付宝钱包”，还有众多合作的实体商家，其布局的虚实共融的“O2O 消费王国”已基本成型。

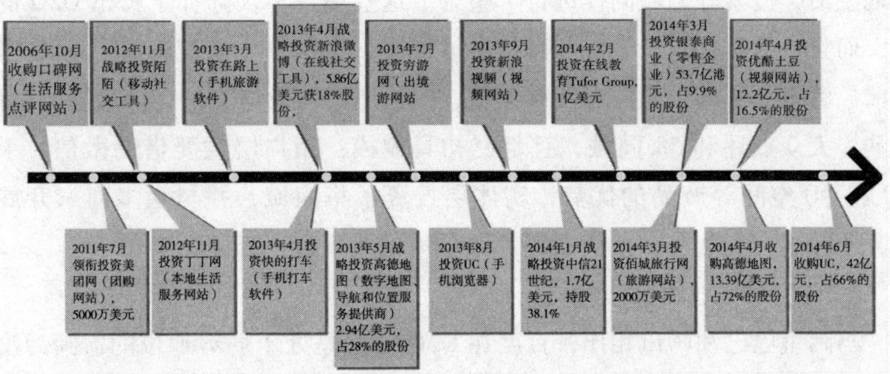

图 4－1：阿里巴巴 O2O 投资并购示例

2. 腾讯布局社交网络生态圈

腾讯的优势在于以 QQ、微信和腾讯微博为代表的社交工具，尤其是微信这个时下最热门的移动社交平台。腾讯的 O2O 布局的逻辑是以微信为核心，建立起社交网络生态系统，并延伸到不同的使用场景。目前，腾讯建立了一个以微信平台为中心，与 O2O 相关的业务有微购物、微生活、微商户等，通过微信支付完成的移动闭环。

以微购物为例，这是一个典型的 O2O 一体化购物平台，提供移动电商整体解决方案，服装、百货行业对此已经表现出浓厚兴趣。服装领域的绫致服装集团、歌莉娅、佐丹奴、李宁、秋水伊人、七匹狼、九牧王等各大品牌都已完成了和微购物的对接。借助微购物，用户不仅可以直接在微信上进行购买，也可以从线下扫码跳转到微信上的页面。此外，商户可以通过微购物解决缺货断码商品，进一步优化服务与销售效率。微生活和微商户吸纳了众多的中小商户，他们基于微信公众账号，通过微信支付完成 O2O。

微信支付是打通支付环节形成交易闭环的重要工具。但是，脱离微购物和微信公众账号等平台，微信支付也可作为单独的移动支付工具，为传统行业提供服务。例如，微信支付与上品折扣、海底捞等达成合作，用户购物、用餐时可以直接用微信支付付款。在打车领域，嘀嘀打车用户也可以用微信支付直接付款。

微信和微信支付是腾讯 O2O 的核心，腾讯并没有止步于此，为进一步完善 O2O 电商生态系统，腾讯在地图、餐饮、电商、旅游、打车、团购、住房、本地生活、搜索等领域同样进行了整合。这些项目不仅弥补了腾讯 O2O 的软肋，而且也为其打造以微信和微信支付为核心的 O2O 生态链奠定了重要支撑。目前，腾讯的基础设施层有四维图新、搜狗地图和微信支付；信息层有电商、团购、大众点评和 58 同城，且都已初具规模；用户层主要借助微信、手机 QQ 和 QQ 空间等产品的优势；实体层投资了华南城，并与众多商家开展合作，还间接拥有京东、大众点评、58 同城的线下商户资源。

3. 百度布局地图服务网

与阿里巴巴和腾讯相比，百度在 O2O 方面是处于弱势地位的，因为没有特别强势的入口资源。百度的优势是信息搜索和处理能力，但在 O2O 产业链中，信息只是其中一个环节。

从目前来看，百度地图是百度 O2O 最好的资产。百度地图已经形成地图定位加路线规划加生活服务的完整移动智能生活综合服务体系，除了提供领先的交通规划、路线导航等基础功能外，还广泛集合了团购、美食、酒店、银行、商场、超市、药店、医院、加油站、车站、电影院等各类丰富的生活服务信息以及打车、外卖、实时公交等线下生活服务功能。这种类似于“平台级”的整合服务方式能够为大多数国内用户提供全景化、一站式的服务。从精准到便捷，百度地图在契合大众实际生活需求上抢先一步，一举奠定了领先优势。

同时，百度的位置服务（LBS）业务也围绕地图开始涉足车联网、硬件的项目，以抢占更多垂直流量来源。

2014 年 1 月，百度全资收购糯米网，凭借自身的技术优势、资金投入以及现有地推团队的资源共享，百度糯米商户数量获得了快速增长，更大程度地提升百度连接线下资源的能力。未来的难点在于，糯米网如何超越美团和大众点评两座大山。

目前，百度在基础层有百度地图和百度钱包；凭借搜索引擎、百度糯米、91 助手、去哪儿网、安居客的信息入口体系，百度在信息层有优势；在用户层，百度处于弱势；在实体层，投资万学教育，与北京动物园合作，并拥有大量中小企业和教育资源。

（三）BAT 的 O2O 战略

1. 线上、线下大融合

随着互联网技术和电子商务的突飞猛进，商业结构和生活方式发生了变化，也让传统商业意识到变革的迫切需要，必须搭上互联网的快车。正当激进者大胆预测未来电商会取代传统线下商务的时候，作为中国互联网企业风向标的 BAT 三大巨头却调转航向，不惜血本大肆抢夺线下商户资源，弥补自己的“购物体验”的软肋，基本形成了地图、线下团购和本地生活的 O2O 配置。

在未来，线上和线下会呈现渠道大融合的发展趋势，也许线下的销售是用在线的手段进行支付，也许线上展示的产品是线下进行交易的，也许线上的订单是通过线下体验消费来完成的，这种全渠道的融合将越来越明显。

线上线下融合不仅符合互联网时代所追求的智能化、个性化、需求多元化和社交化的全新购物体验，而且，还会给传统商家和互联网企业带来巨大的好处。O2O 的进一步发展应该是线上和线下的完全融合，消除电商和店商之间的界限，实现人和人、人和信息、人和实物的无缝互联。这样，消费者既能随时随地利用移动终端获得线上查询比价、支付互动的便捷，又能享受到丰富的线下体验和服务。

2. 入口、支付两手抓

通过观察 BAT 的投资并购案例，我们可以发现，线上、线下特别是移动端流量入口的争夺异常激烈，而背后的动机就是为了布局 O2O。流量入口对于 O2O 的重要性不言而喻。

此外，BAT 布局的 O2O 业务都在与各自的移动支付工具进行整合，从而形成交易闭环，同时支付宝、微信支付又作为单独的移动支付工具，为传统行业转型 O2O 提供服务。只有涉及交易支付的闭环才能真正对消费行为实现跟踪、记录、预测和衡量。所以，BAT 三大巨头布局移动支付，是为了打通支付环节、创造支付场景、培养支付习惯、掌控消费数据。

3. 整合两端资源

目前，BAT 在入口的争夺上声势浩大，但在本地生活服务领域，掌握了流量入口并不意味着线下交易也能水到渠成。BAT 虽然广泛收购，但与其投资的企业之间如何整合、产生协同效应也影响着其两个“O”端的发展，收购成功并不代表O2O布局成功。

如果BAT不能整合其所投资和收购的线上线下资源，那就背离了O2O的本质，即线上、线下的融合。当然，三巨头也深知资源整合的重要性和艰巨性，这需要一个长期的阵痛磨合过程，也是培养消费者O2O消费习惯的过程。

线上和线下资源的整合对O2O市场潜力的开掘非常重要，既需要立足自身、战略布局，更需要各个成员和环节的协调合作，就像一个团队作战，虽然每个队员各有所长，但是大家都必须为整体服务，只有在通力协作中才能获得最终的胜利。

郭万超

中国人民大学经济学博士

北京市社会科学院传媒研究所所长

北京市文化创意产业研究中心主任研究员

张小溪

澳大利亚西悉尼大学经济学博士

中国社会科学院经济研究所助理研究员

第五章　创业投资状况及趋势

互联网文化产业也被称为新媒体产业、数字文化产业或者数字娱乐产业，特别是移动互联网，通过商业模式创新成为当今文化科技融合的核心领域。互联网文化产业以新媒体为载体或支撑，具有大容量、实时性和交互性的特点，受众的主观参与性越来越高，核心地位越来越凸显。2014 年我国的互联网文化产业创业投资发展全面开花、发展迅速，数字娱乐、网络游戏、网络媒体、数字广告营销、在线教育、在线旅游等六大领域均有大跨度发展。

一、中国互联网文化企业创业及投资整体发展概况

在经济政策双重利好的背景下，我国互联网创业投资呈现出快速发展的势头，2014 年文化与互联网的融合进一步加深，天使投资、VC 和腾讯、百度、阿里巴巴等三大 BAT 投资布局及竞争愈加激烈。

（一）2014 年互联网文化创投事件数量同比增长近 150%

据数据显示，2014 年上半年共披露天使投资案例 199 起，总投资金额 11.22 亿元，投资规模已经超越 2013 年全年。互联网、IT 行业、移动互联网成为最受天使投资人关注的领域，很多创业公司成功赴美上市。仅国内一家天使平台，2013 年全国估值从 0 做到 1 亿美元估值的创业企业就有 20 家；2014 年企业的数量已经增长到 50 家，2015 年这个数字预计会出现爆炸式增长到 200 ~ 300 家。2015 年，将成为中国创业者的爆发之年。与此同时，移动互联网、云计算、大数据、物联网等的互联网产业与文化产业的融合和健康发展，乃至拓展国际市场，仍需要整合筹措更多资金，为文化互联网产业创业发展加油助力。

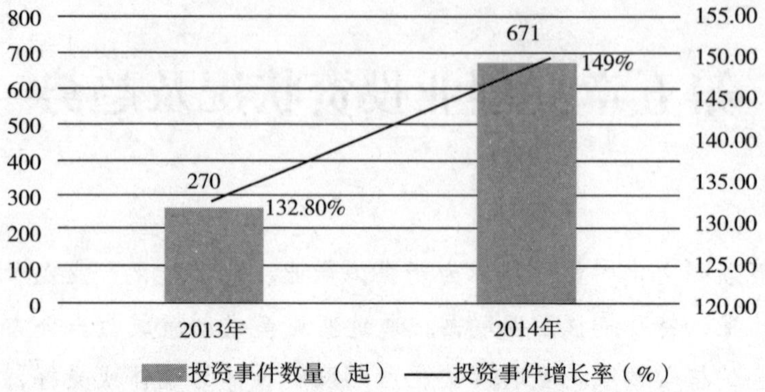

图5-1：2014年互联网创投事件数量增长情况

2014年文化互联网行业的创业投资十分活跃。据统计，2014经过媒体公开披露的创投事件达到了671起，创投事件数量同比大幅增加，达到将近150%。资金规模超过了594.5亿元。在币种方面，美元融资190起，金额达到人民币355.85亿元，人民币投资有432起，披露的金额数总计约238.6亿元。而这几乎占全部文化产业投资规模的95%。这是2013年文化产业投资总规模的将近4倍，2012年文化产业投资总规模的10倍多。不难看出，互联网文化产业的投资成为文化产业投资的主旋律和新的动力源。

（二）北京创投资金规模超半壁江山，A轮和种子天使事件占七成

在地区投资事件分布方面，北京、上海、广东、浙江占较大比重，其中北京达354起，占总体数量的53%。上海和广东分别达到129起和77起，分别占比为19%和11%。浙江、江苏投资事件数分布各占4%，四川占比为2%，其他地区合计约占5%。资金规模上，北京最多，金额约335亿元，占总规模的56%。其次是浙江省，总计73.37亿元，占总体规模的12%。上海规模65.28亿元，居全国第三。

表 5－1：2014 年互联网文化产业创投事件各轮次规模和事件数情况

轮次	金额（万元）	规模占比（%）	事件数（起）	规模占比（%）
A 轮	915904.1	15.41	242	36.07
B 轮	910029.8	15.31	64	9.54
C 轮	642064.7	10.80	35	5.22
D 轮	188399.7	3.17	6	0.89
E 轮	0.0	0.00	1	0.15
F 轮－PreIPO	394789.3	6.64	11	1.64
IPO 上市及以后	2108893.3	35.47	21	3.13
不明确	94957.0	1.60	11	1.64
战略投资	587155.6	9.88	8	1.19
种子天使	103093.5	1.73	272	40.54

通过对这些数据的分析，可以看到处于天使和 A 轮早期阶段的融资事件数合计达到了 514 起，占整体融资事件的 76.61%。主要方向集中在在线旅游、互联网数字娱乐、网络游戏等领域。项目投资向早期的天使和 A 轮方向聚集，表明资本市场对初创项目给予了非常大的热情。

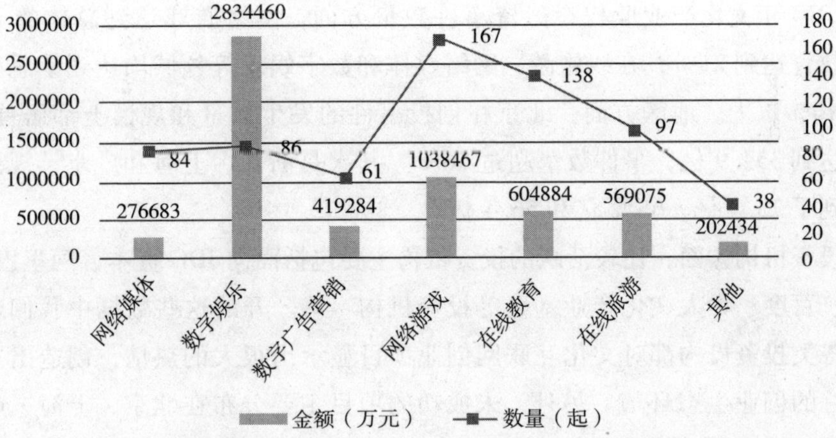

图 5－2：2014 年互联网文化产业各领域创投事件分布领域柱状图

2014 年投融资项目中，天使与 A 轮融资项目占据总体项目的 40.54% 和 36.07%，如果算上 B 轮的 9.54%，则合计约达到了总体的 86%；同时可以看到，战略投资也达到了事件数的 1.19%。加大战略投资，不仅给创业公司的未来带来更多新的可能，也给投资人适时退出提供了更多机会，这对国内整个创业环境的发展显然有非常大的促进作用。

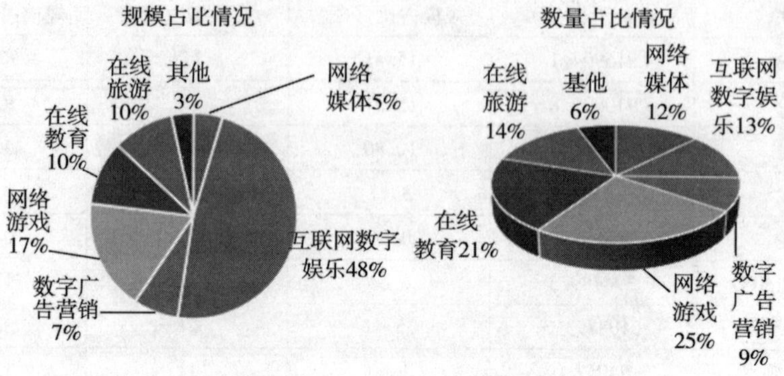

图5－3：2014年互联网文化产业各领域创投事件分布领域饼状图

（三）数字娱乐、网络游戏和在线教育为三大最热门领域

2014年文化产业股权投融资规模占比方面，数字娱乐、网络游戏和在线教育三个领域最为瞩目。2014年文化产业股权投融资规模在不同领域存在较大差异，其中数字娱乐、网络游戏和在线教育三大领域合计就已经达到总规模的75%，其中数字娱乐大约占到了整个文化产业规模的一半（48%）。另外网络游戏和网络媒体等行业也分别达到了17%和5%。

2014年文化产业股权投融资事件数量方面，网络游戏达到总体的1/4，在线教育达到21%，在线旅游、网络媒体和数字娱乐等领域均达到了总事件数的10%以上。地区方面，北京在创投事件的发生数量和规模上都居首位，规模达到334.9亿，事件数量超过56%。其次是浙江、上海和广东，规模分别达到了73.3亿、65.2亿和56.4亿。

投资机构方面，比较活跃的投资机构主要包括面向IDG资本、阿里巴巴、腾讯、百度、华人文化产业基金等投资机构。从公开的这些数据中我们观察到，各类投资机构都对文化互联网创业项目显示出很大的热情，创造出了一个良好的创业生态环境。另外，未成功的项目主要分布在北京、上海、广东为多数的社交、移动应用等领域上。

二、中国互联网文化企业创业与投资不同阶段研究

（一）天使投资北京居全国之首

天使投资作为一种私人权益性的资本投资，在欧美发达国家取得了蓬勃

发展。天使投资强调对创业初期的投资，它一般先于风险投资之前就介入了创业公司，所以对于创业公司的发展具有重要意义。而文化产业互联网公司作为高增长、高风险、高回报的新兴行业，也极大地迎合了天使投资追求高回报率，资金规模较小，资金回收速度快等特点。

中国文化产业与互联网融合虽然短短几年。但是互联网以超乎想象的成长速度强悍地扩张它的发展边界，互联网的创业者们颠覆了众多的传统产业、传统行业，成为当今生产力发展的最重要的催化剂，生产关系变革的新力量。

2014 年，中国天使投资日趋活跃，案例数量和融资规模持续增长，已成为现代资本市场上不可忽视的投资力量。虽然目前没有专业的文化产业天使投资人，但文化产业一直是备受天使们关注的焦点。

图 5-4：2008～2014 年中国天使投资规模及案例增长趋势

数据来源：投中集团联合创业接力发布《2014 中国天使投资年度报告》。

2008～2014 年，中国天使投资案例数量和融资规模均呈逐年增加态势，2014 年全年共披露天使投资案例 272 起，总投资金额 10.3 亿元。由于天使投资机构的部分项目比较敏感、私密，不易对外披露，因此，中国天使投资案例数量和规模总体上应高于以上统计。

2014 年文化互联网天使投资总计 10.3 亿元人民币，共计 272 起。其中北京发布投融资事件数为 139 起，融资金额约为 5.77 亿元，居全国首位，其次是上海和广东为第二阶梯，上海发生投融资事件 61 起，规模达到 1.5 亿元。广东达到了 29 起，虽略少于上海，但资金规模也过亿，达到人民币约 1.18 亿元。目前中国天使投资区域性比较明显，经济实力较强的地区投资较为密集，反之，经济薄弱的地区投资相对较少。2008 年以来的天使投资案例，大多数分布于北京、上海、广东、浙江和江苏，来自这五个地区的投资案例数量占案例数的八成。

天使投资行业方面，在线教育发生事件数最多，达到了 58 起，其次是在线旅游（49 起）和网络媒体（47）起。创投事件的发生规模方面，居前三的分别是网络游戏、在线旅游和在线教育，规模分别为 2. 47 亿元、2. 45 亿元、2. 41 亿元。占比合计达到文化互联网创投规模的 71%，网络媒体和数字娱乐也均超了一亿元大关，占比分为在 13% 和 10%。

在我国文化互联网产业现阶段大力发展天使投资。从微观方面来讲，天使投资不仅给投资者经济和精神上的支持，而且为初创企业和创业者提供了一巨大的帮助。从宏观方面来讲，天使投资可以给民间资本提供有效的投资渠道，有力促进一个我国文化产业中小企业的发展，促进科技成果转化，增强产业经济活力。有利于丰富文化互联网公司创业者在公司初创期的风险融资，以促进中国文化互联网创业公司的持续健康成长。

（二）VC/PE 投资规模各轮次呈递减

近几年，文化互联网产业 VC 和 PE 的投资规模又创出了一个高峰，关于文化产业基金名义的有一百多支，很多文化传媒公司都在成立自己的基金，更有 30 多家传统行业上市公司也在成立文化产业投资基金，包括更多文化产业外公司也已经开始了跨领域和跨行业的投资，通过股权投资将触角延伸到了文化创意产业中来。

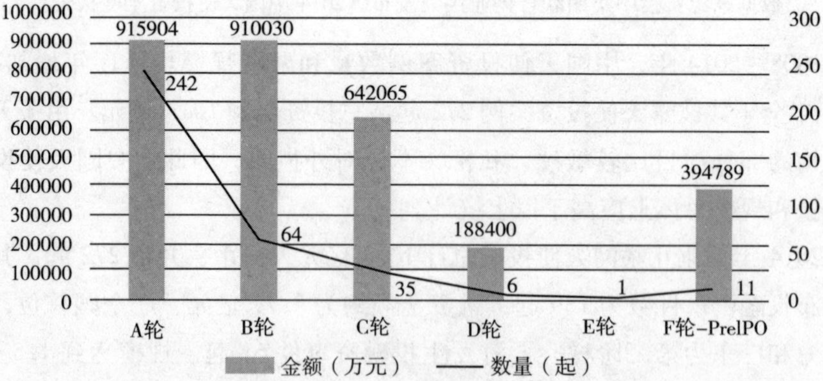

图 5-5：2014 年文化互联网 VC/PE 投资分布情况

2014年文化互联网VC/PE投资总计规模达305亿元，其中美元折合人民币投资规模为224亿元，人民币规模约80.25亿元。地区分布方面，VC/PE投资主要集中在北京、上海、广东以及湖北、浙江等地，北京VC/PE资金规模超一百亿元，大约162.6亿元。另外，上海和广东实力相当，分别为42.5亿元和40.4亿元。

各阶段投资中，A轮占投融资事件242起，投资规模达91.6亿元位列第一位，其次是B轮投资，发生64起创投事件共计资金规模达91亿元人民币，C轮资的资金规模为64.2亿元，共发生35起，位列第三。其他轮次发生事件数合计18起，合计投融资规模为58.31亿。可见文化互联网投融资项目集中在A轮，其发生事件数量方面占比达总体的63%，而B轮和C轮分别占比为21%和10%。

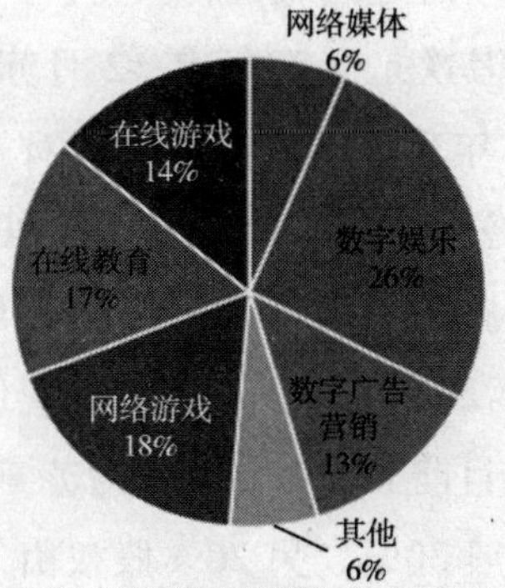

图5-6：2014年文化互联网VC/PE投资领域规模分布占比情况

在各领域的规模分布方面，占比最大的是互联网数字娱乐领域，规模达到79亿元，占比为26%。居第二位的是网络游戏，规模为54.27亿元。在线教育规模为50.89亿元，网络游戏和在线教育占比分别为18%和17%。在线旅游占比也超过10%，达到了14%，规模为43.27亿元。

（三）战略投资聚集数字娱乐

2014年文化互联网行业战略投资共发生7起，资金规模合计约达52.97亿元人民币，主要分布在北京（5起）和上海（2起）。除了携程/中信产业基金投资华远国际为户外旅游领域，和凤凰新媒体购买一点资讯8.5%的股份为媒体资讯领域，其他5起战略投资事件均发生在数字娱乐行业，合计41.13亿元，相当于战略投资总额的95%还多。

在数字娱乐方面5起投资事件中金额最大的也是最吸引眼球的是腾讯、阿里巴巴、平安投资华谊兄弟，战略投资规模达36亿元人民币。11月华谊兄弟复牌前公告将向杭州阿里巴巴创业投资有限公司、平安资产管理有限责任公司、深圳市腾讯计算机系统有限公司与中信建投证券股份有限公司非公开发行A股股票。定增后，阿里巴巴、腾讯所持华谊兄弟股份皆为8.08%，并列第二大股东，平安占股2%。“三马”继2013年初合作组建保险财产公司众安在线后，此次中国最大的互联网公司共同护航华谊兄弟，可见文化产业的吸引力和发展潜力。而华谊兄弟由于其近年通过内部结构调整，使影视娱乐、品牌授权及实景娱乐与互联网娱乐成为了企业内部的三驾马车，华谊兄弟从电影公司向娱乐公司成功转型。这次阿里巴巴、平安入股，腾讯增持也让华谊兄弟跨越式成长转型再次升级。

其次是继2013年12月苏宁云商完成对PPTV44%股权收购成第一大股东。2014年9月凤凰传媒以3.71亿元参投江苏新兴产业投资基金并用于专项投资视频公司PPTV。曲线投资PPTV间接持有PPTV的股份为9.56%。苏宁控股集团提供回购承诺，在投资期限满三年后，公司保底利率为年化12%；或PPTV成功上市，凤凰传媒扔继续持有PPTV股份，则弘毅将以减资的方式退出（目前PPTV大股东为苏宁云商海外SPV，持股44%，弘毅及其联合投资人持股30%，另26%股权由PPTV团队持股）。PPTV在视频行业第二梯队里居领先位置，拥有超过3亿的用户，在直播市场上占有60%以上的份额。凤凰传媒也是看中其视频渠道的价值。凤凰传媒入股PPTV不仅仅是财务投资，未来将会和PPTV进行影视、游戏、在线教育等内容方面的深度合作；一方面将凤凰传媒现有的资源输出到PPTV平台，凤凰传媒将收取苏宁承诺的一部分股权利息以此获益。另一方面，未来PPTV的目标是要在境外上市，而凤凰传媒未来还将在新媒体领域加大并购力度。PPTV的财政情况近几年来一直处于亏损状态，此前四年累计亏损。凤凰传媒投资后PPTV的报表数据会更好看，可用资金增加对于处于负债现状的PPTV是非常必要也更有利其上市。

此外，顺网科技与慈文传媒签署协议。拟出资1.08亿元向慈文传媒增资扩股，增资后占慈文传媒4.5%的股权。顺网科技将与慈文传媒在IP授权游戏开发以及电影、电视剧、动漫和网剧等视频内容分发等领域开展合作，合作期限为3年。在战略合作期内，慈文传媒每12个月向顺网科技或顺网科技指定的合作方授权不少于3个适合于游戏的IP，而慈文传媒制作并发行的电影、电视剧、网剧和动漫等，在顺网科技的渠道上拥有优先分发的权利。

歌华有线涉及两起投资事件，一个是以近1400万元的价格投资北京视博云科技有限公司，持股10%；另一个是以2000万元的价格增资北广传媒，持股比例由10%增加至20%。视博云科技有限公司是永新视博旗下的视频云计算方案与服务提供商，主要为有线数字电视、IPTV、OTT等领域提供阶梯式演进方案。北广传媒具有成熟的影视剧策划、投资、制作和营销运作团队，近四年年均收入4000多万元，年均利润总额800多万元。增资北广传媒，可以加强与节目制作方、版权方的合作，为公司增值业务发展和加大上游节目源的投入提供更多的商业机会，进一步完善公司生态产业链，加快公司新媒体战略转型。

在媒体咨讯方面，凤凰新媒体有限公司与Particle公司部分股东签订股票购买协议，以总计850万美元的价格再次购买其8.5%的股份。在完成交易后，凤凰新媒体持有Particle公司总计17.25%的股份，成为“一点资讯”第一大股东。“一点资讯”作为中国开拓性的个性化新闻客户端产品之一，是一款由技术驱动，以兴趣为导向的内容引擎，它让用户有效定义并探索他们的阅读兴趣。凭借其独家的由业界最前沿的搜索引擎和个性化推荐引擎交融进化的算法推动的“兴趣引擎”，依据用户已有兴趣数据，“一点资讯”为每名用户提供独特的定制内容消费体验，重新定义了用户在移动互联网的内容消费方式。

表5-2：2014年互联网文化产业战略投资情况

时间	公司	地点	领域	金额	投资方
2014.2	一点资讯/一点网聚科技	北京	媒体资讯	3000万美元	凤凰新媒体
2014.8	慈文传媒	北京	多媒体娱乐	1.08亿元人民币	顺网科技
2014.9	PPTV聚力传媒/PPLive	上海	多媒体娱乐	3.71亿元人民币	凤凰传媒
2014.9	华远国际	北京	旅游户外	10亿元人民币	携程/中信产业基金
2014.11	华谊兄弟	北京	多媒体娱乐	36亿元人民币	腾讯产业共赢基金/阿里资本/平安创新投资基金
2014.12	北广传媒	北京	多媒体娱乐	2000万元人民币	歌华有线
2014.12	视博云	北京	多媒体娱乐	1400万元人民币	歌华有线

三、中国互联网文化企业各领域创业及投资状况分析

（一）互联网数字娱乐领域A轮和天使事件多，规模占比小

2014年互联网数字娱乐领域，共发生事件数89起，其中已披露金额84起；披露金额为283.7亿元。主要集中在种子天使和A轮投资，占比总合将近总体的七成。

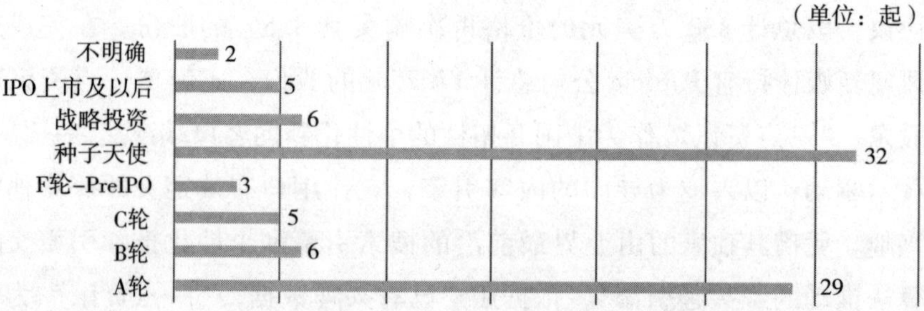

图5-7：2014年互联网数字娱乐创投事件轮次数量分布情况

各轮次中A轮为29起，占全年总体事件数的32.95%，种子天使32起，占比为36.36%，其他轮次合计27起，占比均不超过7%。在币种方面，57起为人民币投资，约占总体的64%，美元为26起，占比为29.2%，其他及未透露为6起，占比不足7%。

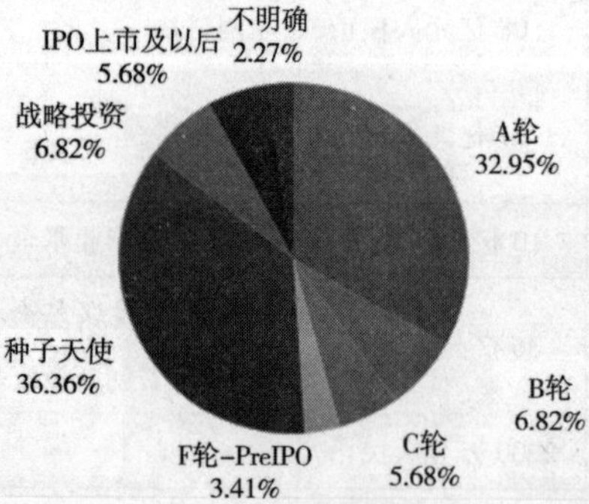

图5-8：2014年互联网数字娱乐创投事件轮次数量占比分布情况

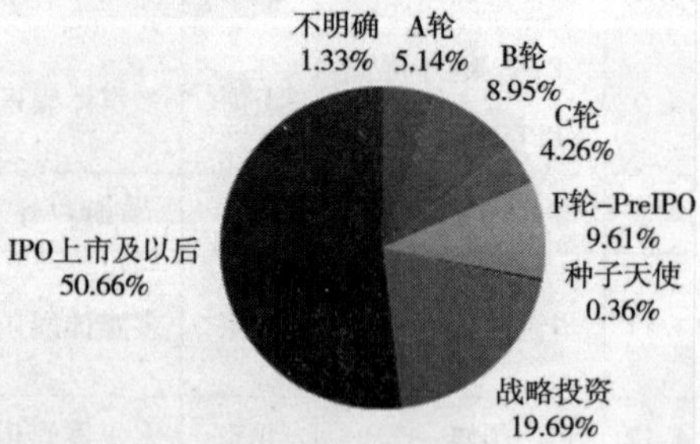

图5-9：2014年互联网数字娱乐创投事件轮次金额占比情况

数字娱乐领域各轮次金额占比IPO上市及以后占五成，金额达到143.75亿元。战略投资为55.87亿元，占约20%的规模。而B轮和F轮占比分别为

8.95%和9.61%。A轮规模为14.6亿元，占比仅为5.14%，而种子天使约占0.36%，规模1.03亿元。

事件金额分布整体上看，在百万级的创投事件最多，达到29起，规模占比约为33%，亿元以上投资事件有28起，千万级的有27起，占比分别为31.46%和30.34，占比相对平均。

华谊兄弟是最受关注的数字娱乐公司。2014年11月公布新一轮定增计划，融资额为36亿元。交易对手包括阿里巴巴、腾讯和平安以及中信建投。华谊兄弟传媒股份有限公司是中国大陆一家知名的综合性民营娱乐集团，自1994年成立初始进入影视行业之后，经过多年的发展壮大，现已投资并运营了电影、电视剧、艺人经纪、唱片、娱乐营销等众多领域的业务条线，并取得卓效。华谊兄弟已经实现了从编剧、导演、制作到市场推广、院线发行等基本完整的传媒体系。

华谊兄弟传媒集团旗下拥有华谊兄弟时代文化经纪有限公司、华谊兄弟影业投资有限公司、华谊兄弟电视节目事业有限公司、华谊兄弟音乐有限公司、环球热力兄弟影音文化传播有限公司、华谊兄弟广告有限公司、华谊兄弟国际发行有限公司等众多知名公司。其在成长过程中经历了多次的增资扩股事件，并吸收了像马云、中金、中信投资等众多有实力的投资个体。

2014年11月18日停牌两月的华谊兄弟抛出了非公开发行股票预案修订稿。修订后的预案最大的亮点是阿里创投、腾讯和平安资管合计近35亿元参与增发，这也是继在互联网保险公司聚首之后马云、马化腾和马明哲“三马”的再一次共同投资。定增完成后，计算腾讯、平安资管及阿里创投对华谊兄弟的持股比例，腾讯和阿里创投将分别占股8.08%，并列成为第二大股东，仅次于王中军。对于被参股的华谊兄弟来讲，阿里巴巴、腾讯的加盟，将进一步提升公司在行业内地位，扩大国内外影响力。腾讯、阿里巴巴的加入将在全产业链为华谊注入互联网基因。

近期涉及影视行业的投资并购事件愈加频繁，国内众多互联网企业和传媒企业纷纷加大投资力度和范围，意欲组建全新的新媒体及全产业链的融合。华谊兄弟拥有完善的业务条线，近年来并逐渐向海外投资扩展，华谊兄弟本身拥有强大的资金和内容研发能力，但是在渠道建设方面还稍有欠缺，与互联网企业的融合应该是华谊最大的期望和未来的主要动向。

（二）网络游戏投资增长放缓，移动游戏平稳增长

网络游戏领域在2014年共发生170起投资事件，披露金额152起，金额规模总计131.9亿。事件数主要分布在种子天使和A轮，其中事件数首位是种子天使（70起），A轮为61起，B轮14起。投资金额规模A轮最多，规模约占五成，达65.24亿元。

第二位为IPO上市及以后，达41.66亿元，占31.59%，B轮规模占10.79%，规模为14.23亿元，其他轮次规模占比合计约4%，C轮规模为1.6亿元，种子天使规模为2.47亿元，轮次不明确的事件规模合计5.43亿元。

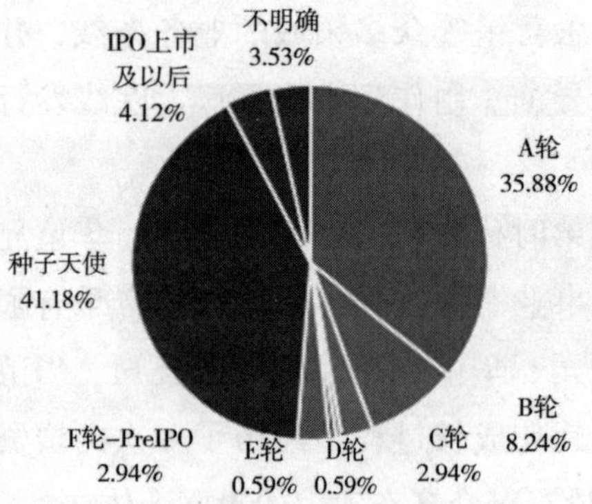

图5－10：2014年互联网网络游戏创投事件轮次数量占比情况

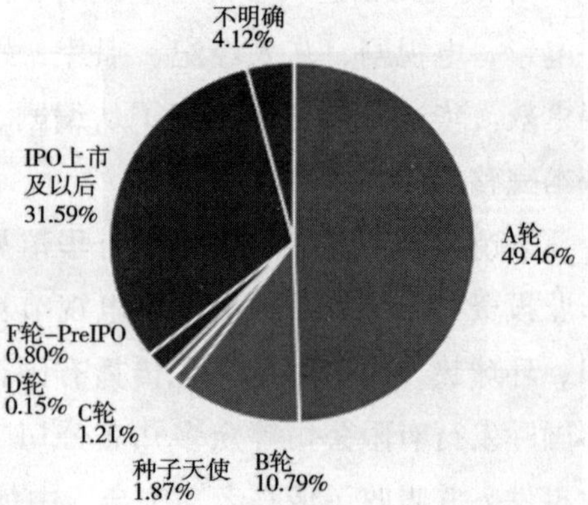

图5－11：2014年互联网网络游戏创投事件轮次金额占比情况

网络游戏投资事件中仍然主要为人民币投资，共123起，占比达到72.35%。美元29起，占比为17.06%。未透露币种18起，占10.59%。

事件规模在亿元以上有28起，占比为16.47%；千万级事件有54起，占31.76%；百万级事件数达70起，达本领域事件数的41.18%，为最多，另有18起事件未透露金额。

值得关注的创投事件是天机游戏获2亿投资。天机游戏计划将业务范围开拓至PC、电视游戏的研发与运营，以及动漫制作。天机游戏表示此次的2亿投资全部来自某上市公司，具体公司不便透露。天机游戏在获得该投资后，会对目前的手游业务进行拓展，并会对之前没有触及的PC游戏、电视游戏和动漫业务进行开展。

对现有的手游业务，天机游戏有三方面计划：一是继续引进海外游戏，

目前已经有游戏正在洽谈中；二是与电信在移动互联网方面合作，实现3G和4G用户的免费下载；三是有针对性的在西安、杭州和北京投资CP。西安以开发精品单机游戏为主，杭州以对海外引进游戏进行本地化处理为主，北京以开发休闲游戏为主。除手游外，天机游戏还将拓展PC端游戏、电视游戏、动漫。

此外，融资后的天机游戏还在开展大范围的人才扩招，包括渠道、运营、市场、设计、技术等行业人才。天机游戏目前业务为手游的研发和运营，旗下产品有西游题材卡牌《天天来取经》和3D手游《最强主公》。即将推出韩国手游《飞翔吧！悟空》和动漫RPG手游《忍者降临》。

（三）网络媒体影响力逐步扩大

2014年网络媒体领域股权投融资事件数量共86起，其中已披露金额81起；披露金额为27.15亿元。投资事件轮次主要集中在种子天使（47起）和A轮（28起），占比分别为54.65%和32.56%，而B轮和C轮仅分别有7起和2起，合计占比约为10.5%。81起中除2起未透露事件，人民币为58起（占67.44%），美元为26起（占30.23%）。

在资金规模方面，占比最大的是A轮，占比为29.81%，金额为8亿元，其次是IPO上市及以后，规模略低于A轮，达6.14亿元，占比为22.62%，第三位是B轮，规模达5.3亿元人民币，占比为19.72%。

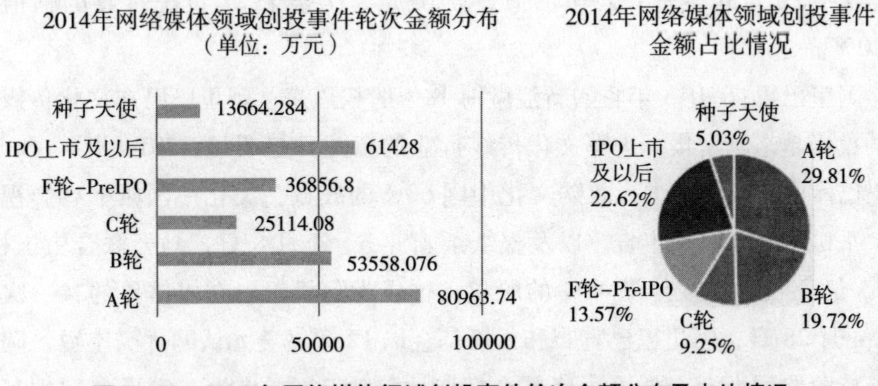

图5-12：2014年网络媒体领域创投事件轮次金额分布及占比情况

另外，网络媒体的投资主要为百万级，有45起，占比超54%，1000万元到1亿元的有26起，占31.33%。亿元以上事件有9起，占10.84%。

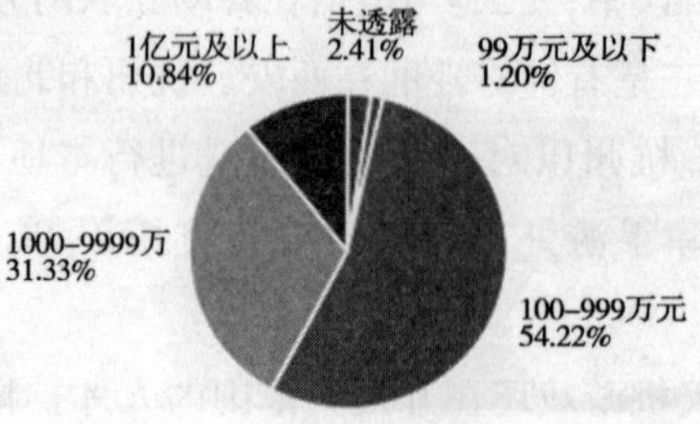

图 5－13：2014 年网络媒体创投事件金额分布占比情况

网络媒体通过兴趣、内容等建立连接。在寻找话题、建立连接的过程中，通过垂直化内容连接起来的社群具有蓬勃的社交活力。垂直社交产品涌现，这说明了人们希望通过垂直社交产品解决垂直社交的需求。在移动互联时代，网络媒体正在以去中心化和去边际化的方式融合各类新生事物而得到充分发展。

2014 年网络媒体领域值得关注的事件有阿里巴巴牵头 5 亿入股 21 世纪传媒。阿里巴巴已经牵头财团向 21 世纪传媒投资 5 亿元人民币，增资扩股后阿里巴巴将占 20% 股权。21 世纪传媒的控股股东为广东南方报业传媒，旗下拥有《21 世纪经济报道》、《理财周报》2 份报纸，《21 世纪商业评论》、《环球企业家》、《福布斯》中文版等多份杂志，以及 21 世纪网等媒体平台。按照 5 亿元占股 20% 计算，21 世纪传媒的整体估值为 25 亿元。此前，今日头条获得了 1 亿美元的融资，公司估值 5 亿美元，比整个 21 世纪传媒的估值高出 20%。

阿里巴巴自 2013 年收购新浪微博 18% 股权以来，阿里巴巴在文化传媒领域的投资越来越密集，进军文化传媒行业的意图日趋明显。2014 年 3 月，阿里巴巴斥资 62.44 亿港元收购文化中国 60% 的股权，文化中国旗下有影视制作、手机游戏、电视广告，以及报纸杂志业务。4 月 8 日，马云联合史玉柱，以 65 亿元收购华数传媒 40% 的股权，这成为阿里巴巴在媒体界的又一次投资。4 月 28 日，阿里巴巴宣布和云锋基金以 12.2 亿美元认购优酷土豆，阿里巴巴持股比例为 16.5%，云锋基金持股比例为 2%。作为一家平台型的互联网公司，阿里巴巴进军文化传媒行业也会致力于建设“平台”。

（四）数字广告营销领域创投平稳增长

互联网、移动互联网发挥并延伸了传统媒体对文化产品的营销功能，为文化产品的营销提供了新的模式。数字广告营销包括如豆瓣社区等发挥互联网人与人、人与信息连接本质的社交平台营销；电影榜单、游戏榜单等在垂直网站或者综合网站的频道推出排行榜垂直榜单营销；借助拥有大量用户群的票务网站进行营销的票务网站营销；以用户所在地为中心，显示周边的文化娱乐消费设施和内容的移动互联营销 APP 等。

2014 年数字广告营销领域股权投融资事件数量共 61 起，其中已披露金额 57 起；披露金额为 41.92 亿元。其中涉及人民币投资 37 起（占比为 60.7%），美元投资 20 起（占比为 32.8%），另有 4 起未透露币种，占数字广告营销事件的 6.56%。

在投资阶段上分布上，A 轮事件 26 起，事件数占比为 42.86%，规模合人民币 12.26 亿元，B 轮事件 10 起，占比为 17.86%，金额达 7.45 亿元，C 轮 11 起，占 16.07%，但资金规模最大，达到 17.38 亿元；D 轮 3 起，规模达 2.21 亿元；种子天使 7 起，占 10.7%，其他 7 起。

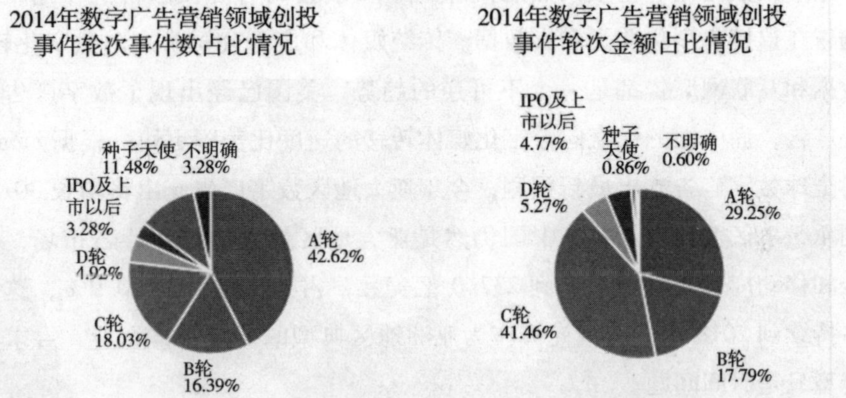

图 5-14：2014 年数字广告营销领域创投事件轮次事件数及金额分布占比情况

数字广告营销事件所涉及金额规模层次多分布在千万级，共 33 起，占比为 54.1%。其他亿元以上 17 起，占 27.87%；百万级 6 起，占 9.84%，百万以下及未透露金额事件合计 5 起，占比为 8%。

经历了从 1997 年到 2006 年中国互联网广告市场规模超过 61 亿人民币高速的成长，又经历了互联网经济 2000 年的网络寒潮之后，网络广告已经越来越显示出不可替代的优势。近年来互联网广告得到了稳健的发展。

2014年，数字广告领域值得关注的创投事件有蓝色光标系列投资事件，其中包括：3000万元人民币投资北京玄鸟文化传媒、6150万元人民币投资云图微动、6000万美元投资爱点击iClick、2500万美元投资Zampus晶赞科技、2438万美元投资AdMaster精硕科技、1500万元人民币投资微岚星空、4800万元人民币投资豆盟移动广告、4300万元人民币投资北京璧合广告、500万元人民币投资大众侃车、300万元人民币投资广州有车以后信息科技等。

蓝色光标随着传统媒体向新型传媒集团不断转型的现状下，蓝色光标也不断投资并吸收数据公司和移动传媒企业，来整合自身业务链并实现扩张和发展。

精硕科技是国内一家数据解决方案提供商，主要专注数据挖掘、分析和管理；晶赞科技是专注于大数据的一家广告技术公司，主要为旅游、汽车、教育、电子商务等领域提供大数据解决方案。蓝色光标投资上述两家数据公司，应该是为将来数据化发展做铺垫。

眼下大数据是一个很火热的概念，对A股公司有提振股价的作用，资本市场正在追捧程序化购买和大数据。传统媒体和广告公司都在向数字化转型，大数据和互联网广告都是一个不可逆的趋势，美国已经出现了数字广告超过电视广告，而中国的受众向数字化媒体转移的速度比美国更快。根据eMarketer对全球数字广告支出最新预测，今年亚太地区数字广告支出将增长30.3%，达到465.9亿美元。其中，中国仍然是亚太地区最大的数字广告市场，网络广告和移动广告支出总额达到237.0亿美元，占亚太地区的50.9%，这一趋势将持续到2018年。蓝色光标作为亚洲地区典型的传统媒体企业，寻求数字化转型只是时间问题。

爱点击在数字营销领域的技术、数据、资源、团队等多个方面都要领先同行，这可能是蓝色光标选择投资这家公司的重要原因。

璧合科技是国内领先的互联网广告技术公司，目前已与国内所有广告交易平台完成了对接，依托成熟的实时竞价（RTB）架构和算法，为客户提供最有效的媒体投放解决方案，是国内人群及广告数据积累最大的DSP平台之一，数据应该是吸引蓝色光标的重要一点。

广州有车以后信息科技有限公司专注于汽车售后市场服务和大数据营销，不仅为广大用户提供汽车售后市场的商户信息、消费点评和消费优惠等信息服务，同时也提供O2O汽车售后在线交易服务，立志打造中国最大的在线汽车售后服务平台。

蓝色光标此次一系列的投资行为对其既定战略推进外延扩张的重要进展。一方面顺应当前整合营销领域的“数字化”发展潮流，积极布局互联网和移动互联网广告营销业务；另一方面，积极向相关产业延伸，涉足汽车售后市场服务、移动医疗、电子商务、股权投资等领域，为公司未来的业务增长寻找新的亮点。随着公司内部不同资源之间整合的逐步推进，业务间协调效应也将进一步提升，从而为公司未来的价值成长打开空间。在蓝色光标主要围绕移动互联网的广告平台的同时，也反映了移动互联网的红火。

（五）在线教育领域创业方向多样化

2014年在线教育的飞速发展，创业投资方向呈现多样化。学前早教/儿童教育、K12阶段、语言学习、出国留学、职业教育，移动互联网及终端上教育学习等各领域都有涉及。

2014年互联网在线教育领域股权投融资事件数量共140起，其中已披露金额127起；披露金额为60.95亿元。人民币85起（占比为60.7%），美元42起（占30%），港币1起（占比为0.73%），未透露12起（占8.57%）。在线教育的细分领域多分布在K12教育、职业教育、语言学习、出国留学、儿童早教及兴趣学习等方面。地区分布主要分布在北京、上海及广东。

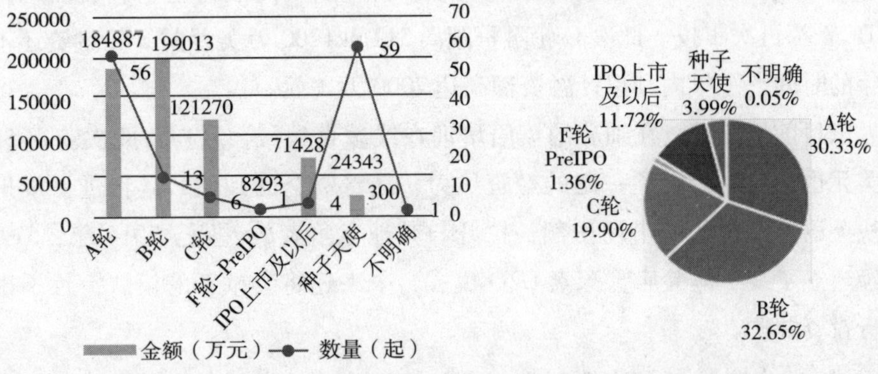

图5-15：2014年在线教育创投事件各轮次规模及数量分布情况

种子天使数量最多（59起），约占42.14%，其次为A轮（56起），占比达40%，B轮13起，占9.29%，C轮6起，其他轮次合计占比约为10%。

在线教育事件规模方面，B 轮占比最大为 32.65%，规模折合人民币 19.9 亿元，居第二位的是 A 轮，占 30.33%，规模为 18.48 亿元，C 轮规模达 12.12 亿元，占比 19.9%。

投资金额在千万级的最多，达 59 起，约占 42.45%；百万级的有 51 起，占 36.69%；亿元以上的事件为 17 起，约占总事件数的 12.23%，另有 12 起未透露事件，约占 8.63%。

值得关注的事件有 51Talk 再获 5500 万美元 C 轮融资，作为中国最大的在线英语教育机构，51Talk 无忧英语专注于外教 1 对 1，通过最有效的沉浸式学习法，打破传统的英语“知识”学习模式。专业国际团队研发的适合中国人学习的英语课程，帮助中国人用最快捷有效的方式，达成英语水平的提升。

51Talk 的创始人 CEO 黄佳佳首创“外教一对一，在线学英语”的互联网学习模式，以优质的外籍师资、经济实惠的价格和全球专家研发的专业英语课程赢得了数万名英语学习者的认可和好评，积累了巨大的用户基础和口碑，不但吸引了英语爱好者目光，也得到了众多投资人的青睐。

2011 年 11 月，51Talk 正式上线，同年 12 月份获得新东方联合创始人徐小平数十万美元的天使投资。2012 年 12 月，51Talk 获得 DCM 数百万美元的 A 轮投资。2013 年 12 月，51Talk 获得小米 CEO 雷军旗下的顺为资本领投的 1200 万美元的 B 轮投资，DCM 跟投。2014 年 10 月 23 日，51Talk 又获得 5500 万美元的 C 轮融资，领投方为红杉资本，雷军旗下的顺为基金和美国风投机构 DCM 都再次跟投。此次 C 轮融资距离 51Talk1200 万美元的 B 轮融资还不到一年的时间，一年内其累计融资额高达 7000 万美元。

以目前情况看，在细分的英语培训在线教育领域，51Talk 此次获得 5500 万美元也给对手造成了一定的融资压力，随着资金的到位，其将进一步扩大在线英语培训行业的市场份额，拉开与其他竞争者的差距。2014 年，51Talk 已经建立了线下体验店，探索 O2O 模式，未来还将尝试新的模式，且不排除进行投资并购。

（六）在线旅游领域已初步形成闭环生态系统

2014 年互联网在线旅游领域股权投融资事件数量共 99 起，其中已披露金额 93 起；披露金额为约 57.41 亿元，占互联网文化产业总投资额的 10%。

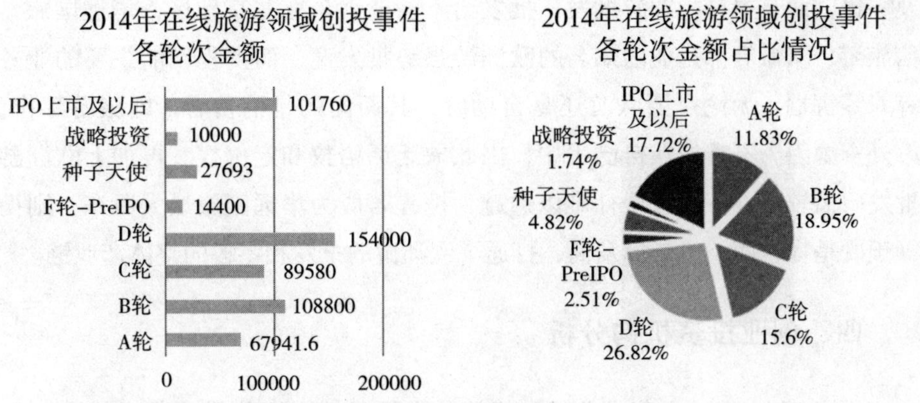

图 5－16：2014 年在线旅游领域创投事件各轮次金额及占比情况

在线旅游投资在轮次数量上，主要集中在种子天使发生 49 起和 A 轮 30 起，其中种子天使占比 50%，A 轮占 30.61%。

2014 年在线旅游领域投资事件币种分布情况为，涉及人民币投资 63 起（占比为 63%），美元投资 30 起，规模折合人民币 39 亿元，占在线旅游总数的 30%，还有 7 家未透露币种。

在事件规模层次方面，亿元以上的有 15 起，千万级创投事件 36 起，百万级的有 39 起，一百万以下有 2 起，未透露金额 7 起。其中涉及金额最大的是 D 轮，达到 15.4 亿元，占比为 26.82%；其次是 B 轮，占比为 18.95%，资金规模为 10.8 亿。IPO 上市和以后及 A 轮占比也者超过了 10%，分别达到 17.72% 和 11.83%。

文化产业闭环生态系统与互联网的融合，部分文化创意产业门类可以借助大量用户黏性、大数据分析等资源优势实现文化产业在互联网、移动互联网线上的文化内容创意、文化产业资金筹集、文化产品线上营销、文化产品线上消费、文化衍生产品的网络销售等重要产业链环节，在互联网上形成文化产业闭环式的生态系统。

2014 年携程与中信基金成立的联合公司，对华远国旅进行战略投资，引人注目。携程斥资数亿元且交易后成为华远国旅的最大股东。支持华远独立运营，未来双方也将在上游资源、市场等方面进行合作，而主要基于其全球化、全产业链和金融化这三方面原因。华远国旅为全国 120 家旅行社区域批发商及 3000 家零售代理商供应全球旅游数据服务。它仅做 B2B，其基本不涉及零售，而是主打欧洲游批发，批发给下游业者。在北京地区，华远国旅、众信旅游、凯撒等都是业内知名的欧洲游强势批发商。而携程目前主要的业务是针对零售端，无论是团队游还是自助游，其面向的是消费者，即旅游零售商。海外资源因为不掌控在自己手中，因此缺乏话语权和定价权。再加上欧洲游的批发门槛较高，一般旅行社难以逾越，携程若成为华远国旅最大股东，则携程等于既是零售商，也是批发商，打通了欧洲游的批发和零售的整体产业链。

四、创业投资机构分析

进入 2014 年，文化产业投资机构的发展思路、运作模式都在转变，很多投资机构已经逐渐能够循着文化产业的规律和脉络投资，VC/PE 对文化产业表现出来的浓厚兴趣，可以看出互联网文化产业是目前各路资本投资的热门领域。

在这些投资机构中比较活跃的主要有：IDG 资本、创新工场、真格基金、深圳市创新投资集团（深创投）、经纬中国、上海永宣联创、PreAngel、阿里资本、丰厚资本、复星昆仲资本、腾讯产业共赢基金、蓝色光标、华映资本、梅花天使创投、顺为基金、天使湾、SIG 海纳亚洲、红杉资本中国、平安创新投资基金、小米科技、新进创投、百度投资等。

在互联网文化产业领域创投事件前 5 位的投资机构主要有：IDG 资本、创新工场、真格基金、深圳市创新投资集团（深创投）、经纬中国。

（单件：起）

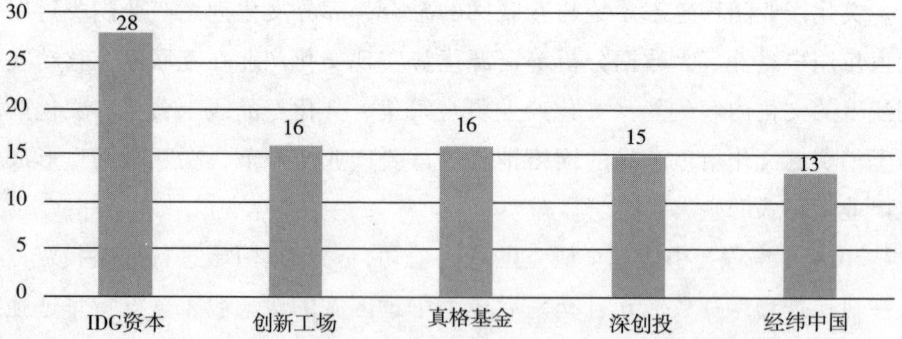

图 5－17：2014 年中国主要股权投资机构互联网文化产业投资案例数量分布情况

（单位：万元）

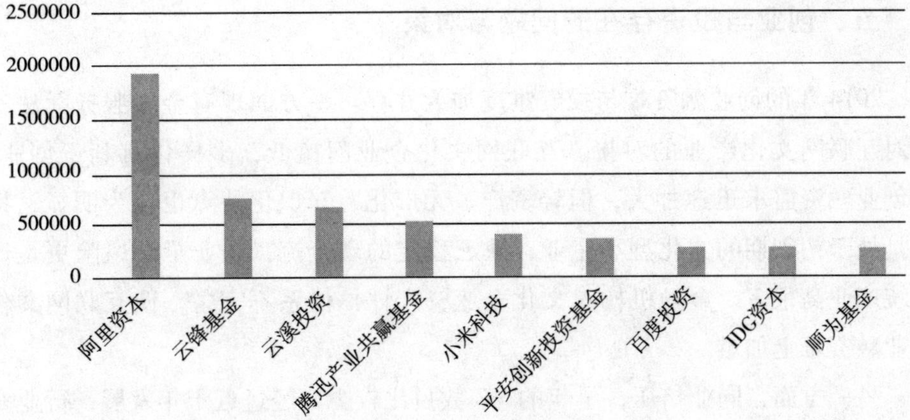

图 5－18：2014 年中国互联网文化主要投资机构投资文化产业规模分布

2014 年，投资互联网文化产业规模居前位的机构主要有：阿里资本、云锋基金、云溪投资、腾讯产业共赢基金、小米科技、平安创新投资基金、百度投资、IDG 资本、顺为基金。具体情况如下。

在互联网文化产业投资事件单起规模上，折合人民币规模在 5 亿元以上的投资机构共计 8 家，分别是阿里资本、云锋基金、云溪投资、腾讯产业共赢基金、平安创新投资基金、科冕木业、IDG 资本、晨兴创投、小米科技、金山软件、百度投资、苏宁云商、顺为基金、携程等。具体数据如下。

表 5－3：2014 年互联网文化产业投资机构情况表

序号	地区	被投资方	金额	投资机构
1	北京	优酷土豆/优土集团	12.2 亿美元	阿里资本/云锋基金
2	浙江	华数传媒	65.36 亿元人民币	阿里资本/云溪投资
3	北京	华谊兄弟	36 亿元人民币	腾讯产业共赢基金/阿里资本/平安创新投资基金/
4	北京	天神互动	25.4 亿元人民币	科冕木业/天神互动
5	广东	迅雷网络	3.1 亿美元	IDG 资本/晨兴创投/小米科技/金山软件
6	北京	爱奇艺	3 亿美元	百度投资/顺为基金/小米科技
7	上海	PPTV 聚力传媒/PPLive	2.4 亿美元	苏宁云商/苏宁电器
8	江苏	同程网/同程旅游	2 亿美元	携程

五、创业与投资存在的问题与对策

2014 年的创业融资难与投资难度加大并存。一方面现有金融服务无法实现对互联网文化产业的对接。互联网文化企业门槛低，多样化有利于创业，使创业融资需求迅速加大，但轻资产、无形化、知识化特点也较为明显，特别是处于初创期的文化型小企业，缺乏稳定的现金流，企业早期风险更是比传统产业高很多。金融机构对文化企业资产评估体系不完备，使互联网文化企业融资难上加难。

另一方面，同业挤压，早年的 VC 数目比较少，经过近十年发展，行业竞争越来越激烈；另外，天使基金的蓬勃发展带来的压力，再加上腾讯、百度、阿里巴巴三大巨头的直接投资，同业竞争加剧。

（一）完善多层次资本市场

纵观全球资本市场，场外交易市场是构成多层次资本市场的重要组成部分。成熟的场外交易市场不但可以满足挂牌企业的融资需求，也是主板及创业板市场的蓄水池。在成熟的资本市场，场外市场交易的股票数量占比约在 30% ~40%，以美国资本市场为例，场外市场、创业板、主板是公司质量递增、数目递减的正三角结构，下一层是上一层的基础。而我国刚好相反，是一个“头重脚轻”的倒三角结构，新三板市场股票数量过少，规模较小。因此，加速新三板扩容，建立并完善多层次资本市场，可为天使投资提供更多退出途径。

（二）完善政策环境，促进天使投资发展

天使投资作为一种以高成长性企业为投资对象的权益型资本，在推动企业技术创新、商业模式创新乃至推动经济高速发展等方面都起着十分重要的作用，但要建立起一套高效率的天使投资机制不仅取决于天使投资人及创业企业，更需要一个良好的基础环境。

国内外的经验证明，天使投资机制与法律、投资理念、社会信用体系等因素密切相关，是整个国家经济、科技水平和制度发展到一定阶段的产物。所以建议一方面，通过专业化管理吸引更多的资金进入天使投资领域。可成立天使投资 FOF，通过投资团队的专业化管理来降低天使投资风险，进而吸

引高净值个人加入天使投资领域。此外，借鉴天使汇等平台推出的快速合投方式，跟随有丰富经验、独立判断力、丰富的行业资源和影响力的优秀领投人一起投资，在一定程度上降低投资的风险。另一方面，完善信用机制确保天使投资权益。借鉴欧美经验，建立覆盖广泛、随时可调用的创业企业征信系统，企业信用违约行为会被随时记录，惯于恶意违约的企业将进入黑名单，天使投资人（机构）可以随时查询这些信息，并据此否决投资议案。不诚信会提高企业融资门槛，巨大的违约成本令企业对信用相当关注。与之相反的是，信用度高的企业可以不断提升信用级别，在企业再融资过程中享受优先权，良好的信用回报也会促使企业自觉维护信用。

（三）发展众筹等互联网金融创新渠道

随着互联网的发展，天使投资团体开启了线上众筹的新模式，如天使汇等。众筹是互联网金融的一种模式，由创业者或者创意人把自己的产品原型或创意提交到平台，发起募集资金的活动，感兴趣的人可以捐献指定数目的资金，然后在项目完成后，得到一定的回馈，如这个项目制造出来的产品。有了这种平台的帮助，任何想法的人都可以启动一个新产品的设计生产。

天使股权众筹模式获得了社会的极大关注，天使众筹网站可以帮助创业者快速、有效的找到资金。同时，线上模式能够使得项目的沟通、对接更加公开、透明、高效。

六、创业与投资发展趋势预测

（一）互联网文化产业与传统行业进入深层融合

新一轮科技革命和产业革命以互联网和信息技术为核心，经济社会各领域各行业都显示出互联网化和信息化的强大趋势，与传统文化产业呈现出多向交互融合态势。

李克强在政府工作报告中提出，制定“互联网+”行动计划，推动移动互联网、云计算、大数据、物联网等与现代制造业结合，促进电子商务、工业互联网和互联网金融健康发展，引导互联网企业拓展国际市场。而文化产业面对“互联网+文化产业=互联网文化产业”这一公式，其实践的效果将绝不是简单的相加。

在移动化高速发展背景下，中国大力推动大、智、云、移、自——大数据、智慧城市、云计算、移动互联网行业的发展，中国互联网相关文化创意行业成为中国文化创意产业的高端产业、核心产业、领军产业、先导产业。中国互联网相关文化创意行业将呈现出高速成长性、互联网传播、风险融资方式、国际化跨国发展、现代企业成长运营的特点。

互联网企业通过现代技术支撑已经全面影响到整个社会，从教育、娱乐到航空航天、医学、军事事业等各个方面都迫切需要高科技技术和文化的结合。科技和产业的融合正在积极介入高端层次创意产业的发展中。大量的网络技术、3D技术、移动技术、虚拟技术、网络金融等已经全面进入文创领域，而不再仅仅是电视、广播、新闻出版等行业。现在移动互联网的发展更推动了向传统行业的渗透。教育、旅游、广播电视等传统行业面临着在线教育、在线旅游、在线视频等互联网行业发起的新一轮挑战。互联网将进一步激发文化消费意愿、促进文化领域产业链贯通以及相应的文化金融模式创新等。

（二）在线旅游将进入迅猛增长期

互联网对旅游行业的影响体现在顾客可以对旅游供应商、旅游运营商和旅游代理商所提供的产品和服务进行比较，从而做出最优的购买决策，并且更为便利地进行购买。在线旅游在全产业链布局已成趋势，而三大巨头已建立了强大的竞争壁垒。在线旅游企业通过更大规模的线上线下营销来拉近与消费者的距离，提高品牌认知；并通过技术升级来提高网站的用户体验和供应商的转化率。在进行全球性的扩张的同时，还将强大的技术平台优势加强他们的竞争实力。而这种技术实力能对不同区域的消费市场，打造更符合本地需求的、标准化的用户体验。同时，国际市场又为中国在线旅游提供更大的增长机遇和空间，新兴市场需求潜力大。另外，在线旅游企业还将通过社交媒体来加强其品牌认知度，更好地拉近与旅游者的距离，并积累客户消费决策的行为数据以作为许可式营销策略。

近期携程也将获得第三方支付牌照金融牌照。从数据上预计未来中国旅游产业总体量在10万亿级别。在此规模下，一旦形成B2B2C的O2O闭环，在供应链金融、支付、保险、消费金融形成一体化的旅游互联网金融链条。之前携程已推出“携程宝”和“程涨宝”类产品。不难看出，携程要做中国的运通。另一方面，旅游业务产生庞大清算业务，预付、担保，等支付业务。在有平台、有数据的基础上，进行的授信、预付、外汇兑换业务都可作为金融产品送达C端。携程创新商业模式其在在线旅游业的领先地位将更加巩固，这也预示着在线旅游将进入高速发展期。

（三）中国互联网文化企业加速走出去

在中国文化企业走出去的进程上，一批企业到美国、欧洲、非洲、拉美构筑文化产业园区，开建国际化平台，向跨国文化创意企业迈进。在游戏领域，中国一批企业开始走向世界，像完美时空、趣游、搜狐畅游等都表现不俗。

2014年阿里巴巴在美国上市，成为国际国际互联网经济的重大事件。其市值已超过3000亿美元，成为中国最大的文化创意领军企业。马化腾与腾讯、李彦宏与百度、刘强东与京东、丁磊与网易、张朝阳与搜狐，世界第一大PC厂商联想、华为、小米，以及优酷、当当这样一大批企业近获得高速发展，通过上市和购并规模迅速扩张，形成了一支走向国际的文化创意的队伍。它们利用现代投融资方式，通过上市获得国际化的背景，运用风险投资、融资的方式迅速壮大。

互联网时代特别是移动网时代按照新型跨越式发展的方式成长大大提高了文化产业总量，真正推动文化创意产业成为中国未来经济的支柱型先导型高端引擎产业。

（四）移动游戏市场进入平稳扩张期

2014年，由于提出《关于推进文化创意和设计服务与相关产业融合发展的若干意见》和《关于推动传统媒体和新共媒体融合发展的指导意见》等文件，加快了实现由“中国制造”向“中国创造”转发，提升了国有文化软实力和产业竞争力，推动文化产品和服务的生产、传播、消费的数字化、网络化进程；强化了互联网思维，坚持先进技术为支撑，内容建设为根本，形成立体多样、融合发展的现代传播体系，因此，数字娱乐集团进军网游行业，坚定了转型融合信心，给游戏企业带来新的发展机遇。

2014年中国游戏市场用户数量达到5.17亿人，同比增长4.6%，中国游戏市场实际销售收入达到1144.8亿元人民币，同比增长37.7%。用户规模与市场规模增速同步放缓，尤其是网民数量已达到上限瓶颈，游戏人口红利将逐渐消失，这种情况下一定会影响游戏领域的创业投资热情。但另一方面，移动游戏具有发展潜力。我国游戏市场主要由客户端游戏、网页游戏、移动游戏与单机游戏构成。移动游戏由于移动设备的普及而在2013年呈现井喷式发展，但从2014年开始智能手机出货量开始减少，智能手机用户市场也将趋于饱和，未来移动网民规模大幅增长的空间相对减弱，移动游戏市场进入平稳扩张期。

另一方面，在智能移动设备与4G高速网络普及的趋势下，游戏发行商将打破移动网速对移动游戏内容与形式升级的限制壁垒，移动游戏对于整体游戏市场规模的提升作用进一步扩大。同时，网络媒体等社交平台与游戏的互动发展也会助力移动游戏的创业投资进一步增长。

（五）由创客到创业，创客教育进入快车道

“创客”一词来源于英文单词Maker（制作者）和Hacker（热衷电脑科技的人）的综合释义，简单来说就是将创意融于科技并最终变为产品的创造者。创客分布在各行各业，但有一点共通——玩的就是创新。2009年，创客运动从美国硅谷来到中国。

党的十八大提出了民族复兴之重任。中国梦之希冀，已经成为这一代人和我们正在培养的下一代人的重任。对于创客而言，创意作为专利转让或被天使投资公司相中投入产品化生产，是最好的归宿。创客的转型，用“自生产”改变着传统制造商品的方式。在欧美，由创意到孵化的体系已比较成熟，但在国内仍处于初创摸索阶段。中国发展互联网文化产业对创客教育的引导已经进入快车道。

孙秋静

苏亚兰

第六章　移动的互联网创新型企业

移动互联网的持续高速增长有两大原因，一是由于智能手机的大面积普及，移动端庞大的用户基数已成定型。工信部统计数据显示，截至2012年6月底，我国通过手机接入互联网的网民数量达到3.88亿，相比台式电脑的3.80亿，手机成为我国网民的第一大上网终端，2014年，移动互联网时代正式来临。二是电商、游戏、广告等传统PC企业已逐渐适应移动端发展，并且在已有商业模式基础上，不断拓展出创新应用及服务，带来持续的市场增长。

一、我国移动互联网市场发展现状

（一）移动互联网的特征

移动互联网并不是一个新兴的概念。移动互联网是互联网的技术、平台、商业模式和应用，与移动通信技术结合并实践的活动的总称。通俗来说，就是将移动通信与互联网二者结合起来，成为一体。就如移动语音是相对于固定电话而言，移动互联网则是相对固定互联网而言的。从技术角度来说，二者最主要的区别在于终端和接入网络，以及由此带来的应用和服务上的差异。这些差异最终反映在用户体验上就是移动互联网具有移动性、个性化、便利化等特点。概括来说，移动互联网是一种兼具“移动性＋社交化＋即时性”的新型上网方式。

1. 移动性

与传统互联网相比，移动互联网的终端和网络接入点更为便捷，其移动性主要体现在三个方面：

（1）登录方式移动化。毋庸置疑，互联网为人们的生活带来了空前的便利，但许多人仍然感到网线束缚了网络体验。而无线方式登录互联网斩断了把人束缚在室内和机器前的“脐带”，只要在有移动信号覆盖的地方就可以通过接入点连接互联网，更大程度地实现自由上网，满足多样化的信息需求。

（2）终端移动化。随着智能手机和平板电脑的推广和普及，处在移动状态的使用者只需通过终端就可用自己的方式连接互联网。

（3）技术移动化。现在的手机不再只是用来打电话、发信息、登录 WAP 网站，更多人的手机具有了 WiFi、高像素摄像头、蓝牙等近似电脑的高标准配置，再配以多种类的手机应用，手机变得逐渐 PC 化，可以像使用有线网络一样下载资源、视频通话、玩网络游戏等。

2. 即时性

首先，移动互联网的核心优势是即时性。如果说互联网的海量信息使之具有广度，那么移动互联则更具有深度——它使信息可以精准直接地瞬间传递到目标群体，冲破距离变得触手可及，用户可以随时随地利用碎片时间获取信息，或是进行娱乐、社交等行为。其次，以个体为中心。朱海松曾认为，无线互联网和互联网的本质区别就在于第五媒体是大众化个众媒体——“互联网是电脑，无线互联网是人；互联网经营的是内容，无线互联网经营的是人”。的确，手机是个性化特点最强的媒体，许多人的生活甚至已经离不开它。手机俨然成为每个人的随身伴侣，人与人之间信息、内容的沟通是一种满足双方个性化需求的交互行为。手机终端本身、一对一的订制信息方式和内容形式的个性化，以及紧密的个人归属性、隐私性使得移动互联网具有鲜明的个性化特点。

（二）移动互联网企业市场发展现状

1. 市场规模和移动互联网用户数量持续增长

从 2005 年开始，随着我国独立 WAP 站点数的快速增加，许多创业型企业纷纷加入移动互联网建设的浪潮中，掀起了一次移动互联网的投资浪潮。然而由于技术、商业模式的限制，以及市场定位不清晰等原因，我国的移动互联网企业发展缓慢。从世界范围看，日本、韩国等东南亚国家发展较好。日本是目前全世界移动互联网运营经验最丰富的国家，日本的移动互联网产业一直走在世界的前列。在功能手机时代，日本曾经是全球首屈一指的移动互联网发展大国，由日本首创的运营商——SP 模式、二维码、手机钱包等移动互联网服务，曾经深刻影响了世界。日本的移动互联网发展水平曾经长期领先于美国。

从2007年开始，移动互联网市场潜力逐步释放，真正步入正轨。2008年，随着TD-SCDMA的试商用和电信重组的进行，且以奥运会为契机，移动互联网快速发展，中国移动互联网活跃用户数达到5040万，增速超过26%，移动互联网用户渗透率接近手机用户总数的10%。2007年，中国移动数据业务市场收入超过1100亿元，2008年第二季度数据业务市场收入就已经超过300亿元，同比增速超过20%，其中WAP、JAVA、BREW等业务的收入占比递增到28%。

2009年中国移动互联网的市场规模达到了388亿元，其中运营商流量费为228.26亿元，占58.9%，成为移动互联网领域的最大赢家。手机用户为各种产品和服务所支出的费用为153.36亿元，仅次于流量费，占39.6%。各种移动互联网的应用中，手机游戏和手机音乐等娱乐类应用对收入贡献最大。传统互联网企业逐渐进入移动互联网领域后，传统互联网的商业模式也会逐渐“渗透”到移动互联网当中。同时随着移动互联网用户数的继续增长，用户的活跃度和黏性都会增加，这也带来了收入的快速增长。

2010年中国移动互联网市场规模达202.5亿元，同比增长31.1%。移动互联网用户规模达35100万，同比增长30.0%。移动互联网用户规模继续保持快速增长的原因在于，电信运营商切实推进3G网络建设和推广，调整手机上网资费，引入明星终端。移动互联网细分行业构成中，移动增值服务份额最高，占比为57.3%。手机游戏和手机电子商务居于其次，分别占12.7%和11.8%。由于自2009年底以来的计费通道治理，移动增值市场份额降低。手机游戏受基于智能手机平台的游戏市场带动，份额居于其次。

2011年中国移动互联网市场规模达到393.1亿元，同比2010年增长97.5%；移动电子商务爆发式增长，在整体移动互联网市场规模中的占比增至29.2%，成为第二大细分行业；2011年中国移动互联网市场的快速增长主要受益于移动电子商务的大力推动。

2012年中国移动互联网市场规模为549.7亿元，增长率为96.4%，受到智能终端和移动网民规模的快速增长的带动，移动互联网市场规模呈现高速增长。其中，移动购物和移动营销等细分行业都获得了大幅增长，是移动互联网增速较快的细分领域。艾瑞咨询统计数据显示，2012 年中国智能手机保有量达到 3.6 亿，增速为 80.0%，智能手机在这一年得到了进一步普及。

2013 年中国移动网民规模达到 5 亿，中国移动互联网市场规模为 1060.3 亿元，同比增长 81.2%。移动购物在移动互联网市场规模中占比达到 38.9%，居于首位。另外，移动搜索市场规模也在不断扩张。2013 年中国移动搜索市场规模为 45.5 亿元，同比增速高达 264.1%，未来几年移动搜索市场规模将迎来增长高峰期。

2014 年中国移动互联网市场规模达到 2134.8 亿元，同比增长 115.5%，同时未来依旧会保持高速增长。预计到 2018 年整体移动互联网市场规模将突破 1 万亿大关。

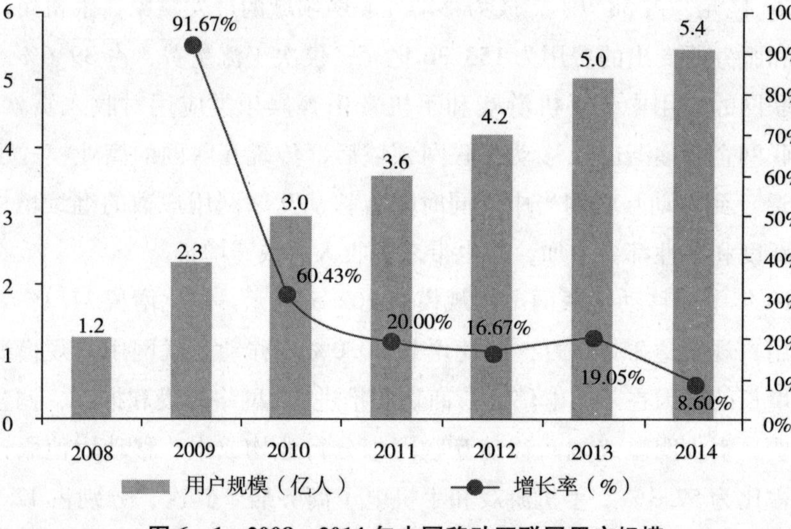

图 6-1：2008~2014 年中国移动互联网用户规模

2. 市场结构：移动购物和移动搜索份额逐步提升

2010 年中国移动互联网细分行业构成中，移动增值服务份额最高，占比为 57.3%。手机游戏和手机电子商务居于其次，分别占 12.7% 和 11.8%。由于自 2009 年底以来的计费通道治理，移动增值市场份额降低。手机游戏受基于智能手机平台的游戏市场带动，份额居于其次。手机电子商务在各细分行业中增幅最大。例如，手机淘宝于 2010 年底举办“疯抢”等让利营销活动，用户交易峰值过万，超过 eBay 于 12 月移动销售每小时 9500 宗的交易峰值，凸显中国移动电子商务的发展前景和热度。

2011年中国移动互联网细分行业构成中，手机电子商务份额占比上升为第二位。这主要受益于两方面原因：一是手机支付在本年度开始落地并获得大力推广；二是淘宝等电子商务平台积极投入手机版网页及客户端产品布局，极大提升用户移动交易量及活跃度。

2013年第二季度以来，移动互联网方面同比增速最快的细分行业是移动购物和移动搜索。中国移动购物市场交易规模为375.2亿元，同比增长高达181.1%；中国移动搜索市场规模为7.7亿元，同比增长达到181%。总体看来，移动互联网主要细分行业的交易/营收规模同比增长率明显高于PC互联网主要细分行业（参见图6－2）。

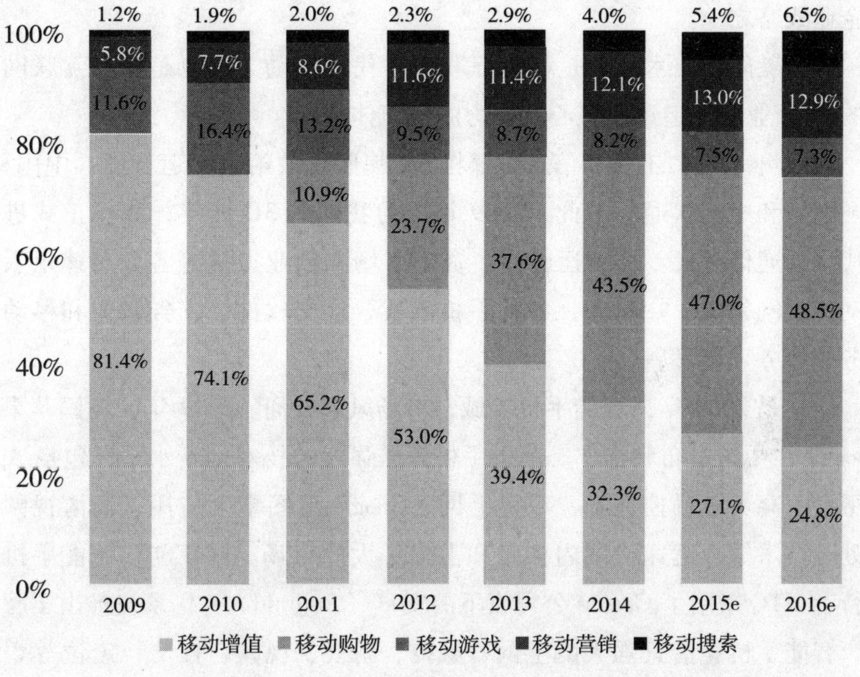

图6－2：2009～2016年中国移动互联网细分行业结构占比

数据来源：综合企业财报及专家访谈，根据艾瑞统计模型核算。

二、移动互联网企业创新发展趋势

美国著名媒介理论家保罗·莱文森（Paul Levinson）曾专门考察了手机作为一种新媒体的革命性意义，认为“手机使互联网络及其所包含的一切媒介都移动起来了。于是凡用手机的人都随身携带着一个流动的家园。一个有着心灵感应和瞬间交流、无处不能交流的社会随之应运而生。”①

（一）技术创新趋势

《中共中央国务院关于加强技术创新，发展高科技，实现产业化的决定》将技术创新定义为：“是指企业应用创新的知识和新技术、新工艺，采用新的生产方式和经营管理模式，提高产品质量，开发生产新的产品，提供新的服务，占据市场并实现市场价值”。这一定义较全面地表述了技术创新的含义，清楚地说明了技术创新是一个科技、经济一体化的过程，强调了技术创新的最终目的是知识、技术的商业应用和新产品的市场成功。追求创新是最重要的企业战略之一。

毫无疑问，技术创新是移动互联网时代的推动力，也是移动互联网时代下的 IT 企业竞相追逐的核心竞争力的价值体现。

2009 年 1 月，工业和信息化部将 3G 牌照发放给三家运营商：中国移动、中国电信和中国联通。由此，2009 年成为我国的 3G 元年，我国正式进入第三代移动通信时代。移动运营商、资本市场和创业力量等各方急速杀入中国移动互联网领域。一时间，各种手机游戏、社交软件、广告联盟和移动定位服务等业务飞速发展。

同样是 2009 年，智能手机领域，市场风起云涌。2009 年，美国苹果公司 iPhone3 在中国发布和推广。苹果手机凭借强大的技术创新水平，包括 App 软件平台、高灵敏触控技术、手机上网、Google 地图掌上应用、高清视频和图像处理技术等，迅速在国内扩张和占据了大片市场。同年初，智能手机领域先行者 HTC 采用了 Google 公司旗下的安卓（Android）1.0 系统推出了智能手机。智能手机凭借其强大的上网、触控、游戏、视频、社交、定位等智能功能，迅速击溃了传统手机的市场。自此，手机终端进入智能化时代。

3G 通信技术的发展和推广，智能终端技术的发展和推广，将人类的移动互联网时代拉开了序幕。

从创新主体在市场竞争中的地位来看，技术创新分为领先创新、跟随创新与模仿创新三种类型。在当今移动互联网时代，各类 IT 企业的技术创新也

① 李曦珍．美国电子媒介的娱乐变戏法［J］．甘肃社会科学，2014（2）．

可以从创新主体在市场竞争中的地位来分为领先创新、跟随创新和技术创新。

1. 领先创新

领先创新是具有行业竞争领导地位的公司所推出的具有领先性与前瞻性的创新技术或产品，同业竞争的其他公司尚未赶上的。典型的领先创新的践行者如美国苹果公司，苹果公司在 iPhone、iPad 等移动智能终端方面的技术优势，让别的公司只能望其项背。苹果公司一直被模仿，但从未被超越。还有，INTEL、IBM、微软和 CISCO 等大型信息技术企业，在各自的硬件或软件领域积极地进行着领先创新。

2. 跟随创新

跟随创新战略要求企业密切关注领先者的行为，若领先者失败，就不跟随；若领先者成功，就迅速跟上。著名美国社交网络服务网站、市值 600 多亿美元的 Facebook 公司，早先于 2004 年上线。国内著名社交网站人人网，跟随 Facebook 的技术应用，于 2009 年上线，拥有大批以大学生为主的用户群，并在纽约交易所上市。腾讯的 QQ 空间设计，结合了 Facebook 与人人网的技术特点，也属于典型的跟随创新。时下相当热门的腾讯的微信，也属于跟随创新的产品。2010 年 11 月 6 日，雷军的小米公司决定做米聊，深度模仿海外颇受欢迎的智能手机语音聊天应用 kik。2010 年 12 月 23 日米聊发布；半年后，米聊用户超过 400 万。腾讯看到了米聊的应用前景，2011 年 1 月腾讯迅速跟进，推出“微信”。时至今日，据第三方情报，截至 2012 年 10 月，微信的用户数已经达到 2 亿。

3. 模仿创新

模仿业界优秀公司的技术创新点，包括产品设计方式、技术特征、产品功能、产品形状、产品大小和颜色等，而生产出自己的产品，这样的技术创新为模仿创新。国内山寨版手机，就是典型的模仿创新。有的山寨版智能机，从外表上看上去跟国外品牌智能手机几乎一模一样。美国搜索引擎巨头谷歌（Google）公司成立于 1998 年。1999 年谷歌公司推出搜索引擎网站，大受欢迎，2004 年谷歌公司在纳斯达克上市。国内著名的搜索引擎百度公司成立于 2000 年。百度扎根国内，做本地化服务的网络搜索引擎，获得巨大成功，并于 2005 年在纳斯达克上市。目前百度占有国内搜索引擎市场的 80%。百度的技术创新，起步于模仿谷歌的创新，但是百度走出了一条适合自己的道路，与国内用户的应用体验紧紧结合在一起。

4. 技术创新

从技术创新激烈程度的角度来看，创新可分为渐进性创新和突破性创新两种类型。从技术创新的激烈程度来分，IT 企业的技术创新也可分为渐进性创新和突破性创新两种模式。上述的腾讯的微信、百度的搜索引擎等产品属于渐进性创新。苹果的 iPhone、iPad 等产品的技术创新属于典型的突破性创新，引领了移动互联网时代的开始。

（二）商业模式创新趋势

1. 移动互联网和 PC 互联网商业模式的差异

我们认为，移动互联网和 PC 互联网相比最大的不同点在于商业模式调整。PC 互联网的商业模式是通过入口级产品获取用户，把控网络流量，最后通过流量变现来盈利。移动互联网的商业模式是通过极致的产品和服务来获取用户，把用户变成自己的“粉丝”，然后通过跨界整合资源来为用户提供更好的体验。形成这样变化的原因在于：①移动互联网用户量更多，但是碎片化的特征导致无效流量增加，无法通过简单的流量变现来盈利；②PC 互联网只能通过标准产品来获取用户，而移动互联网可通过非标准产品（服务）来获取用户，从而提高对用户的黏性，形成“粉丝”群，我们对于粉丝的理解是：品牌认知度高，付费意愿度高、愿意口碑推广、愿意产生内容；③移动互联网的强社交属性会增加用户平台的黏性。

通过图 6－3 可以看到，移动互联网相比于 PC 互联网，除了搜索、支付、社交等方面不同外，最大的不同在于线下商户。线下商户提供“产品＋服务”，非标准商品产生差异化竞争优势，在“粉丝”经济下，线下商户可以尽可能摆脱入口流量的束缚。有了线下商户的参与，使移动互联网对于用户生活的影响更加巨大，同时也爆发更大的市场空间。

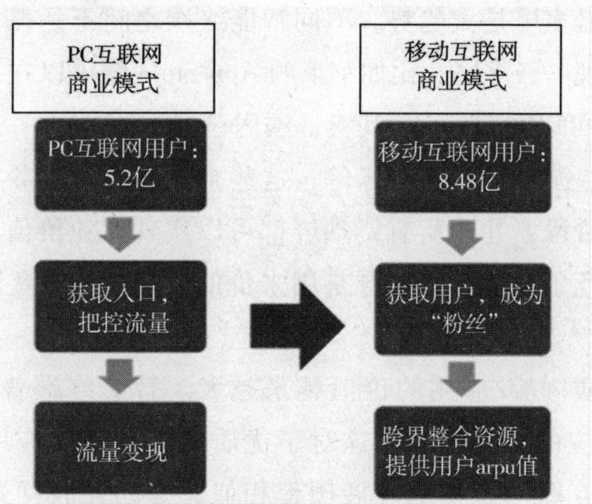

图6－3：移动互联网是“粉丝”经济

资料来源：2014年中国移动互联网行业深度报告。

2. 移动互联网企业商业模式创新路径

在智能终端产业链上，目前主要有四种商业模式。

模式一：进入主流智能终端厂商的供应链。以智能手机为例，过去几年苹果iPhone的销量在全球取得了爆发式增长，中国诸多进入苹果供应链的元器件厂商，不论是企业业绩还是行业地位，均获得了飞速的发展和提升。接触为数不少的投资者第一反应是，中国企业只是挣利润很低的血汗钱，没有技术含量，毛利率低。其实这是一种有色眼镜，在全球分工体系中，中国越来越多的企业通过与国际巨头合作，提供解决问题的优化方案，不断获取订单，本身就是竞争力的体现，而且也是中国电子行业技术水平提高的标志。

模式二：软硬件一体化是大势所趋。过去，Wintel组合主导的PC产业链，是一个分工合作的模式，产业链上的每个环节专注于自己的领域，基本互不干扰。到了智能手机时代，苹果开创了“App Store + iPhone”模式，本质上是软硬件一体化，打通产业链的上下游。硬件终端黏住用户，软件服务平台获取用户价值；这种软硬一体化，极大地增强了苹果的竞争优势，获得了空前的商业成功。据报道，截至2010年底，全球共开发上架了78.5万个手机应用程序，下载次数达92亿次，其中最热门的业务是移动搜索、阅读新闻和体育消息、下载音乐与视频、电子邮件和即时通信，移动汇兑、LBS、移动健康和移动支付将成为未来移动互联网的关键驱动力。

模式三：一云多屏是大趋势。不同智能终端之间不是孤立的，而是联动的，完全可以实现一云多屏，比如苹果的 App Store 既可以在 iPhone 上，也可以在 iPad 上，还可以在 iTv 上。其实，国内已经有不少“一云多屏”模式的企业，如视频云、游戏云、语音云等，这些企业提供云服务平台，向不同终端屏分发；目前阶段，并非所有终端屏都可以实现商业价值，但这种模式可以建立起强大的竞争优势。有些屏是用来价值变现的，有些屏是用来黏住用户的。

模式四：优质内容/应用的价值越来越大。智能终端普及和多屏互动，带来的是传播效应的快速放大，这对于优质内容和优质应用价值的快速变现非常有利。与互联网媒体的发展历程相似，移动互联网站最初也是以做内容平台为目标，通过提供免费资讯吸引用户。随着手机上网用户人数增多，人们对移动互联网的需求也不再局限于看新闻、发彩信，手机媒体发展呈“PC 化”态势，传统门户网站手机版、手机购物网站等瞬间滋生出来，移动互联网更像是传统互联网的补充形式。因此，为了使用户更有效率地获取内容、彰显网站个性、培养用户忠诚度并最终独立于互联网，移动互联网站就得在做宽、大、深的信息基础上，还得注重包装精品内容，精细内容分类整理。

（三）顾客价值链管理创新趋势

1. 企业顾客价值链管理的意义

企业竞争优势的关键来源之一就是顾客价值链的差异化竞争。企业生产经营行为中很多重要的部分都和顾客活动互相渗透、互相作用。企业根据对顾客进行跟踪调查来研究和掌握顾客对企业产品和服务的信任度和忠诚度。企业在掌握顾客的忠诚度后，发掘顾客的潜在需求，保持现有顾客；通过口碑宣传、品牌美誉度的累积等方式来拓展新的顾客群体，这样的循环的市场开发才具有可持续性发展的重要意义。从顾客价值链出发，企业探索通过经营行为调整来更好地适应顾客价值链，重新确定企业的价值活动。企业掌握了顾客的感知价值，还可以根据顾客消费行为细分，进行资源的配置重组，便于更好地满足顾客的购买需求。以顾客价值出发的观点来重构企业的价值链，可以创造企业差异化的竞争优势，并从根本上为企业价值增值。

2. 移动互联网企业的顾客价值链管理

从顾客价值链角度出发，调查顾客的需求、顾客的使用习惯，将企业的产品开发和经营战略围绕提升顾客体验价值来展开，避免盲目开发带来经营风险，是企业管理的重要因素。企业可以通过市场调研、用户反馈调查等方法探索顾客最关注产品或服务的哪些价值因素。

由于在移动互联网行业中，企业在宣传、营销、销售甚至是售后服务等过程环节中是无法和顾客面对面进行的，因此从这个意义上说，和传统经济相比，移动互联网行业中的顾客体验才是企业最需要重视的一点。如何通过优化顾客价值链中各个环节的顾客体验，提升顾客满意度进而提升顾客忠诚度才是企业在移动互联网时代市场竞争中谋求长远的发展战略。

例如，在手机制造业中，企业设计一款面向年轻消费群体的智能手机时，就应该调查年轻消费群体对手机这一产品所关注的共同价值因素。年轻人关注的共同点在于手机外形时尚，手机质量，手机硬件配置等方面。如果是推出面向中老年阶层的智能手机，中老年人关注的价值因素是手机辐射低，信号强，价格低，手机易操作等方面。只有通过市场调查和统计分析来指导产品的设计和研发，这样设计出来的产品才能满足顾客的价值期待，获得市场青睐。

从顾客需求出发，整合顾客对移动互联网使用要素，将产品和服务的体验感受最大化提升。在移动互联网发展的现阶段，影响顾客体验的几大要素是网络、终端以及应用。这些是决定移动互联网产品价值的核心要素。因此，提升网络稳定性和终端性能才能提高产品价值。对于运营商和终端厂商而言，定位顾客价值需求，提升产品性能和改善服务是首要任务。而对出于创业阶段的应用服务提供商而言，要集中优势资源设计出功能全、体验好、操作简单、安全实用且具有差异化的产品来吸引用户使用。

移动互联网企业的顾客价值链管理要围绕优化顾客关注价值来进行。移动互联网企业优化顾客价值链环节，提升顾客价值链的掌控能力创造出差异化竞争的优势，需要围绕顾客关注的价值来进行。这需要进行详细的信息收集调查和比对分析。只有这样，企业才能真正做到从顾客的角度出发重构顾客价值链，取得市场竞争的先机。

三、促进移动互联网企业创新发展的建议

（一）确定精准的产品定位与行业细分

在移动互联网时代，行业分工将越来越细，许多企业，可能靠一个好产品就能取得成功，做得多而杂，反倒可能给自己带来窘境。结合企业自身优势和资源，服务于某个特定的客户群或聚焦于某些特定的应用场景或技术领域，采取跟随创新或模仿创新这条路，对于中小型 IT 企业或初创企业来说，更易走通。

目前，社交、网游、电商、网络工具等大众应用类互联网产品，越来越多地被新浪、腾讯、盛大、阿里巴巴、京东、奇虎 360 等大型互联网公司占据。手机、智能终端、网络设备、安全设备等通信类产品市场，被少数国际国内大型企业占据，如 CISCO、华为、中兴、华三等。在 IT 产业，小企业或初创企业很难在这些大众应用类产品方面与大公司展开竞争。

中小型企业或初创型企业应该在跟随创新与模仿创新策略模式的指引下，将市场发展目标定位在一些特定的客户群或局部应用的信息产品和服务方面，在大公司不太看重的某个较小的领域突破和形成规模。例如，结合智能手机 LBS 定位等技术，而产生的大众点评、时光网、e 代驾、航班管家、掌上空港、连酒店、蜻蜓等移动互联网公司的移动应用系统，都拥有各自应用的特色与客户群，很可能在某个领域做得非常成功。

（二）加强自身资源和技术积累

移动互联网产业属于高新技术行业，技术的发展与更新速度较快，行业技术门槛越来越高，需要企业拥有较强的自身资源，包括资金、资产、团队和企业家才能等。通俗地讲，就是人力、物力和财力。自身资源的多寡，自身资源的持续性，是企业制定创新发展战略非常重要的一个方面。移动互联网产业核心技术和服务应用的开发和管理等工作都要求从业人员具有高水平的计算机科学知识、硬件知识、软件知识以及网络知识。产品研发及服务运营需要大量的资金投入，企业在软硬件、研发团队建设、IDC 服务器及带宽租赁以及市场营销推广等方面均需要千万级以上的资金投入水平，以实现产业的规模化。

另外，移动互联网企业持续发展的核心技术以及配套服务应用的开发都需要企业具备较强的研发能力与技术积累。技术积累是技术创新的基础，一个没开发过成功产品的企业，是很难做出突破性创新或领先创新的产品的。企业研发的产品，必须一点一滴从小产品、小开发做起。此外，随着移动互联网应用技术的不断更新，移动互联网企业应当具备持续研发能力，不断更新、优化其技术，才能满足市场的需求。

（三）保持稳定的用户资源

移动互联网产业的终端用户越多，其规模效应就越显著，增值服务和应用价值就越大。同时，由于移动互联网产业的品牌依赖度较大，企业需要建立起一定的市场知名度和美誉度，方能取得用户的信任。移动互联网产品功能和服务与客户的操作习惯相关，用户往往会形成一定的依赖性。这种用户黏性使得用户不会轻易更换所用的产品和服务，市场新进入者难以在短期内获得用户足够的信任，改变其使用习惯，这为市场新进入者设置了用户资源壁垒。

用户积累是移动互联网时代企业的一个至关重要的资源，所以，应该将用户资源作为企业的核心竞争力而独立阐述。在庞大用户群的基础上，无论采取何种模式的技术创新，往往都能取得巨大的收益。如果腾讯没有几亿用户在手，其跟随创新战略也许不会成功。QQ 空间、QQ 游戏、微信等腾讯公司的产品，都不是领先创新出来的研究成果。时下，腾讯关注的是互联网市场上有何比较受欢迎的技术创新或产品，一旦该创新或产品有生命力、有成长力，腾讯则可以依靠其庞大的研发团队、技术实力和用户基础，迅速跟进创新，在市场上占有原来做基础创新和领先创新的先行者的地盘，并可能迅速将其扩大。微信就是一个典型的例子。据腾讯创始人马化腾说，2013 年 1 月微信用户群达到 3 亿。目前，微信的疯狂应用与用户群的疯狂增长，已经使得国内三大运营商如坐针毡。微信的语音聊天的免费（仅计算手机数据流量），已经使运营商的短信、彩信和长途话费收费规模成亿元规模下滑。中国联通宽带在线总经理何华杰曾说，如果按照用户数量来衡量，腾讯实际上已经是中国的第二大运营商。正是因为腾讯已经拥有庞大的客户群，所以腾讯已经不屑于做领先创新和基础研究。

奇虎 360 公司看中了用户积累的重要性，在企业初创的几年，一直致力于发展用户，其网络杀毒软件是免费的。当360的用户发展到几千万、上亿的时候，其企业价值就出现了。现在的奇虎360公司，占据了大部分互联网上的计算机桌面，几亿的庞大用户，使其主要互联网广告收入盈利。360的发展模式，颠覆了传统杀毒软件公司的依靠杀毒软件销售来获取收入的发展模式。

赵玉宏
中国传媒大学传媒经济学博士
北京市社会科学院与北京大学联合博士后、助理研究员

第七章　线上线下

线上到线下即“O2O”是“Online To Offline”的简写，线上(online)的真正含义是指通过各种形式的媒体，如电视、广播、报纸、网络、灯箱、广告牌等，将自己的品牌信息和促销信息以软、硬广告的形式进行信息传递。而线下（Offline）的含义指的是通过其他非媒体的形式进行宣传推广，如路演、发布会、各种折扣优惠、买赠、抽奖、回展等。通过无形的媒体发布信息如微信、QQ、微博等，都可以统称为线上活动；在固定地点，有实物、实体店、面对面销售，可称为线下。O2O商业模式的核心很简单，就是把线上的消费者带到现实的商店中去，在线支付购买线下的商品和服务，再到线下去享受服务。

一、O2O当下态势

（一）国家对互联网行业的政策导向

2014年，是中国接入国际互联网20周年，也是中国互联网最辉煌的一年。目前，中国已拥有超过6.4亿网民，居世界第一，已成为名副其实的互联网大国。我国政府出台多项政策促进互联网的发展，如《互联网十二五发展规划》、《“宽带中国”战略及实施方案》、《国务院关于促进信息消费扩大内需的若干意见》等，都为互联网的快速发展保驾护航。

（二）O2O引起的消费变革

2015年1月中国互联网络信息中心发布的《第35次中国互联网络发展状况统计报告》显示，截至2014年12月，我国网民上网设备中，手机使用率达85.8%，超传统PC整体使用率（70.8%）近15个点，手机网民规模达到

5.57亿，手机作为第一大上网终端设备的地位更加巩固。同时，网民在手机休闲娱乐类、电子商务类、交流沟通类、信息获取类等应用的使用率都在快速增长。一切数据都指向：移动互联网的普及，让用户习惯开始发生改变。

而现今，用户获取的信息方式和渠道主要通过移动互联网，这就决定了用户的消费习惯和消费方向将是随时、随地、快捷地进行线上消费。移动互联网更加简单、更加便捷以及个性化的特点，推动了消费行为变革。O2O模式将线下商务的渠道与线上互联网结合在一起，互联网将作为线下交易的前台存在，而消费者也将与商户做到无缝链接。消费者可以便捷实惠地购物，商家也可以更好地找到目标用户群，提高他们的客流量和销售量。这也要求商户必须在智能移动终端等平台上，为用户精准地提供更好的消费体验以及更多的消费者效益。

（三）互联网及互联网文化企业发展的区域现状

据中国互联网络信息中心《第35次中国互联网络发展状况统计报告》显示，在我国互联网普及率超过平均水平的省份中，西部地区有2省、东部地区有8省、东北地区有1省、中部地区有1省，合计达到12个省份，经济区域不同，互联网普及率差异更明显。

同时，由于一线城市网络发展水平、信息需求力度、产业支撑能力均明显强于二、三线城市，所以从城市O2O应用水平、潜力水平、环境水平等综合水平来看，一线城市明显高于二、三线城市，三线城市与全国平均水平尚有差距。

虽然民营文化企业已经成为我国文化产业发展的重要力量，但我国文化企业的主体依然是国有文化企业。而目前，国有文化企业的发展存在着区域发展不均衡问题，在规模、经济效益、资源配置及政府补助等方面，中央和地方、东部和中西部都存在较大差距，这造成了国有文化企业在面对新媒体时代挑战时，未能进行快速调整和转型。

（四）互联网与文化企业

1. 互联网是文化产业发展的新发力点

互联网促进了文化生产力的新组合，同时互联网正在催化中国文化产业形成新的爆发点：①平台型文化企业；②具有千亿级交易规模的文化创意平台经济集群。

2. 文化创新将成互联网增长的主要驱动力

通过2014年互联网行业在中国文化市场上发生的多次并购和投资，尤其是百度、阿里巴巴、腾讯3家国内互联网巨头主导的一系列产业并购和投资，可以看出传统与新兴领域正在融合，互联网对传统文化产业进行再造和升级。

二、案例分析

（一）文化企业O2O案例分析

1. 案例一：O2O电商下的艺术品的行业再造

2014年10月8日，首届淘宝艺术节正式启动。于10月10日举办的“上海站品格专场”拍卖活动上，引发了4万余人线上关注，最终在80件艺术品中，线上成交拍品50件，成交率达到62.5%，成交总金额182958元。此场拍卖会落幕后，还将有十余个专业艺术机构及拍卖行继续“首届淘宝艺术节”的活动，这一举动，也让艺术品电商在备受争议后再一次受到了广泛关注。

同时，2014年南京文化艺术产权交易所也开创了线下实体运营体验店的新型O2O商业模式，把线上艺术品投资者带到实体体验店，线上交易和线下实物交易相结合，满足线上投资与线下实物收藏相统一的需求。

此前，传统艺术品销售是以拍卖会、博览会、画廊等艺术品线下销售渠道为主，在O2O商业模式盛行一段时间后，部分艺术机构开始尝试O2O模式，做出新艺术品电商之路。无论是传统电商还是艺术品电商，在O2O模式中，POI(Point Of Interest，兴趣点)、交易闭环和大数据这三点都是非常重要的。

除了艺术品线上拍卖会，O2O的线上线下模式也较好地将线上网站与线下画廊进行了深度结合。线上网站宣传，寻找客户群体并对其进行艺术品感兴趣培养，进而将此类潜在用户引导进入线下实体画廊看艺术品，提高到店率，促进销售。在有效解决用户在线不能看到真实作品、体验较差、存在心理顾虑等问题的同时，引导用户线下体验、购买，再回到线上网站进行点评分享，用户自己产生内容，进行口碑传播，扩大影响力，对其他用户形成引流，形成O2O交易闭环的良性循环。艺术品电商有了POI信息和O2O交易闭环之后，用户的地理位置、消费信息、浏览数据、支付情况、评论、投诉等数据便成了艺术品电商O2O的成功基础，这也为艺术品电商分析藏家需求、提供精准个性服务等提供了重要的依据。

由此我们可以对 O2O 电商下的艺术品行业预测。

(1) 艺术品电商预测

艺术品电商的 O2O 线下业务发展，或将引起有实力的公司针对油画、雕塑、邮票等艺术品专业类别进行深度开发，形成专业性艺术品 O2O 电商，专业服务将是企业核心竞争力。同时，区域性艺术品电商主要以 O2O 网络平台为依托，布局全国范围内的主要城市，与深耕于部分区域的艺术品电商相比，即刻想覆盖全国的 O2O 企业则更容易做出成绩。

(2) 艺术品 O2O 发展核心预测

由于艺术品所蕴含的文化特殊性，艺术品 O2O 未来发展的核心关键则是要求线上线下相融合，线上聚集、培养用户，并指导线下改善服务，线下帮助线上了解用户需求，进行精准传播，将用户在线上线下的体验统一起来。

(3) 艺术品电商发展格局预测

基于中国移动互联网快速发展，O2O 商业模式趋于成熟的大环境下，一些传统艺术品电商，若不改变电商思维模式，或将被利用 O2O 的特点来开拓业务兴起的艺术品电商所淘汰。

2. 案例二：O2O 思维管理下的敦煌莫高窟文化游

2014 年 12 月 28 日，甘肃省省发改委在兰州召开敦煌莫高窟、麦积山风景区、官鹅沟国家森林公园景区、张掖丹霞国家地质公园彩色丘陵景区等 4 家游览景区门票价格调整听证会。听证会上，听证代表提出了门票价格调整应与提高景区服务质量相结合，进一步拉大淡旺季价格差价等意见和建议。

如敦煌莫高窟，自景区开放后游客人数逐年大幅上升，预计 2015 年初游客接待量将突破 1000 万人次。其中旺季的日游客量曾高达 2.1 万人次，远远超过莫高窟科学承受能力日均 3000 人，造成遗址内严重拥挤，景区服务质量下降，游客体感也降低。

要做好敦煌莫高窟景区保护，提升游客体感，增加游客满意度，就必须限制客流量，但是又只有增加客流量才能增加收入。此时，客流调节与景点保护如何平衡，成为敦煌莫高窟文化游的关键。

敦煌莫高窟在 O2O 思维下构思形成新型的运营管理构架如下。

（1）以线上预约进行人流管理

敦煌研究院将根据线上预约调整旅游线路，解决线下莫高窟旺季太旺、淡季太淡的问题。同时旺季的时候疏导游客，不仅方便提供景区服务，提升游客的满意度，也实现了客流调节。

（2）线上环境保护管理

通过互联网、物联网对洞窟环境的变化、湿度、洞窟温度、壁画保护形态变化以及洞窟内的 CO_2 浓度等进行实时在线监控和保护，通过线上数据反映，联动调节线下人流，进行实时科学的控制和管理。

（3）建立文化体验新渠道

为了让游客在不同空间均体验敦煌莫高窟文化，扩大实际接待量，敦煌正在建设数字展示中心，意在通过数字手段，将洞窟内的文化艺术在洞窟外展示，游客在洞外通过观看高清数字电影，体验文化旅游，从而合理分散游客流量。

3. 案例三：在线教育行业的死亡案例

据统计，自 2013 年初以来，平均每天有 2.6 家在线教育公司诞生。除了百度、腾讯、网易等巨头奋力布局之外，淘宝、小米、金山也纷纷杀入在线教育领域，为本就炙手可热的在线教育又添了一把火。截至 2014 年 9 月，获得投资的在线教育企业已经达到 60 家以上，其中超过 15 家是 2014 年刚上线的项目，有的刚上线 1～2 个月就获得了投资，更甚者项目还没上线就拿到了投资。据不完全统计，2014 年在线教育领域投融资主要涉及了外语教育、出国留学、早期教育、平台类、IT 教育、K12 教育、职业教育等七类。合计投融资金额超过 44 亿元。这一数据标志着教育 O2O 的大潮全面爆发。

然而，据在线教育专门网站芥末堆统计，截至 2014 年 12 月，有近 60 家在线教育企业已经倒闭或转变方向。

成立于 2012 年 11 月，致力打造成“教育界的淘宝”的关于课程交易网站的悠课网，目前已关闭，存活 24 个月。成立于 2013 年 1 月，面向儿童的教育 O2O 平台，提供语言培训、兴趣培训、课外活动等服务的优教成长，目前也已关闭，存活 22 个月。成立于 2012 年 10 月，北京元泰世纪科技有限公司旗下项目，提供端到端的学习产品的应用商店云腾教育商店，存活 25 个月。在线教育案例的死亡，使风投不再投资，资金链断裂，最终失败。它们没有清晰的盈利模式，没有理解在线教育 O2O 模式的核心数据意义。

维克托·迈尔·舍恩伯格在《大数据时代》中说，这个世界的本质就是数据。也就是说，在进行教育 O2O 转型时，应该更多的在数据的角度去分析教育行业的业务、产品和营销。例如，获取学生年龄信息，分析学生认识能力和水平，判断购买决策人是家长还是学生，消费需求时机是哪层节点；通过学生家庭住址，挖掘学生行为信息，了解学生教育投资购买力等。

好未来发布的行业报告《中国在线教育行业图谱（2014 年秋季）》称：2015 年在线教育市场规模是 1200 亿元人民币，而在线教育若仍无明显的商业模式、盈利模式，管理者不能深入理解在线教育 O2O 模式核心，将出现更多的死亡案例。

4. 案例四："智慧书城" O2O 改变图书及文化消费产业商业模式

安徽新华传媒股份有限公司一直致力于安徽文化产业发展，2014 年 11 月 14 日，其和腾讯公司正式签署了《微信支付 & 皖新传媒战略合作框架协议》，这标志着双方将在图书及文化消费行业进行深度合作，将实体书店和网络支付有机结合，打造全国第一家结合微信的体验式 O2O 书店，合肥三孝口新华书店全面升级成为"智慧书城"，让图书消费市场出现全新的经营模式。

"智慧书城"以微信公众账号为入口，通过微信支付及众多线上线下亮点功能，将原有商业模式信息化，从而获取网络大数据，为消费者提供更优质的服务。它是一个综合性文化中心，其包含 7 项内容。

（1）个性定制化智能购物：会员根据当日各商家活动获取最优消费方案，并直接产生支付预约；

（2）智能推荐：通过会员历史购买记录分析并推荐相关书籍或有关联的书籍；

（3）门店导航指引：店外用户在微信公众号上查找最近门店信息，并可导航指引到店。店内可查找图书并显示具体货架位置，指引顾客前往；

（4）信息查询：促销信息、物流配送、配送信息查询；

（5）智能扫描快捷支付：NFC 支付；

（6）互动娱乐 + 体验分享：结合门店顾客互动，开发多个门店场内微信社交互动功能等均陆续推出；

(7) 在线购买：在微信商城购物后，系统会返回二维码作为交易凭证，可在“我的订单”中查询，消费者可以通过门店移动手持一体设备验证并马上提货。消费者也可将二维码转赠给好友，以此向好友赠书。

“智慧书城”的智能化平台让市民享受了O2O模式带来的更丰富、更便捷的智能化服务，而“智慧书城”同时也通过O2O模式获取用户在图书市场的消费信息，为消费者进一步提供个性化、智能化服务。“智慧书城”的O2O闭环形成，不仅是图书及文化消费行业O2O的标杆案例，而且代表了图书及文化消费产业新的商业模式形成。

(二) 其他O2O案例分析

1. 案例一：从O2O商品联结层次上，针对餐饮O2O举例

现在1.26亿日本人中，日本麦当劳的注册会员数已经超过了3000万人，即每4个日本人，就有一位在体验麦当劳的优惠券服务，几乎所有的年轻人都在用。那么，日本麦当劳是如何形成O2O，并且采集用户交易行为数据，从而精准地向用户推送手机优惠券，大大提升到店率以及销售额的呢？

(1) 日本麦当劳优惠券服务的发展与完整O2O闭环的形成

基础阶段（2003年之前）：纸质优惠券服务。如同早期中国商业街区随处可见麦当劳及肯德基一样派发的优惠券，纸质优惠券派发低效率、高成本并且投放不精准的。

发展阶段（2003～2006年）：电子优惠券服务。如目前中国一样，手机网站上下载优惠券，到店出示打折消费。

提升阶段（2006～2007年）：此时麦当劳开始重视搜集用户信息，要求享受优惠券服务的用户线上注册。经过一年半的营销，麦当劳手机网站的会员数已经突破了500万人。

O2O闭环形成阶段（2008年以后）：手机NFC支付的优惠券服务。日本麦当劳与日本最大的移动运营商NTTDoCoMo成立了合资公司“ThEJV”，随着“ThEJV”的成立，日本麦当劳充分结合NTTDoCoMo近场支付业务以及手机信用卡业务，在NTTDoCoMo旗下3300家门店建设了NFC手机支付读取终端，汲取用户消费行为信息，并部署了CRM（用户关系管理）系统，采集用户消费行为信息，促使麦当劳形成完整的O2O闭环。

同时，日本100%的3G网络普及率，10%的4G网络普及率，不封顶的流量套餐，也为手机近场支付提供良好的基础设施，目前手机近场支付渗透率已超过40%。这也是日本成为全世界最适合发展O2O产业的国家之一的重要基础。

（2）日本麦当劳的大数据挖掘

日本麦当劳实现了O2O闭环后，麦当劳的顾客信息挖掘系统将用户交易数据进行非常精准的挖掘分析，用户所产生的信息、行为、关系三方面数据（消费频次、经常光顾的店面、单次消费的金额、购买的食物品种）为针对每位用户定制最适合用户个性的优惠券，使用户更频繁地光临麦当劳，并且每次消费更多的钱。

相比之下，标准化优惠券的中国的麦当劳，已经不具备任何优势，通过何种渠道下载的统一优惠券，都不能够大力促进用户二次消费。单向推送的优惠券，也不能够采集到用户的有效信息，即不能够精准营销。

2. 案例二：从O2O服务联结层次上，针对社区O2O举例

顺丰嘿客便利店是顺丰旗下网络服务社区店，成立于2014年5月。根据其官网数据，目前顺丰嘿客全国门店数量已达到2975家；除青海、宁夏和西藏三省区外，已触及全国其他省份，其中广东省以921家门店占据覆盖的绝对优势。

在具体形式上，嘿客以便利店的形式出现，但是并没有具备传统便利店的基本功能。便利店内还需要线上下单，将简单的事情复杂化，失去了便利店的便利性。它名义上是一家便利店，但业务中心更偏向于资源整合，只是顺丰O2O大布局下的一个重要载体。

嘿客的定位是内部资源整合，是为了实现顺丰内部线上、线下资源的联动。由于顺丰嘿客线上平台的出现，顺丰才完成了“快递+冷链+电商直供+跨境物流+顺银金融+嘿客门店+嘿客电商”的线上线下的O2O闭环布局。嘿客电商的建立使其与线下门店形成完整的O2O闭环，双方将形成优势互补，嘿客将在配送和支付环节充分发挥嘿客的线下优势。

顺丰嘿客目前以提供快递物流业务为基础，具备零售、便民服务属性。店内除了接受顺丰快递的收发业务外，还陈列了食品生鲜、手机家电等产品图片及二维码，社区用户进入嘿客便利店中可扫码进行购买。依托顺丰的物

流，实物到货后消费者可以再去嘿客店取货，如对货物不满意可当场退换货。嘿客是为顺丰的“最后一公里”承担串联作用。

通过嘿客线上平台下单则会享受和顺丰发货同样的待遇，即随时掌控订单的配送信息。商品发货前，用户会收到短信通知，包括订单号、配送商品信息等。

同时，大量的线下嘿客店也将起到为线上引流的作用，尤其是嘿客店提供有收寄快递、缴纳水电费等多种社区便民服务。打造O2O闭环已成为零售业发展新趋势，即便是之前的电商企业也不例外。

3. 案例三：从O2O情感联结层次上，针对婚嫁O2O举例

2014年，阿里婚伴以旅拍婚纱作为差异化切入点抢占婚庆市场，说明婚庆市场已经成为资本疯狂投资的另一个本地生活服务行业。婚庆作为传统本地生活服务的代表性行业，在BAT切入婚庆行业模式的探索中已经出现了新成果，老牌婚庆一站式服务平台不甘落后紧贴互联网优化平台体验。

2014年1月，聚喜猫正式上线。这家婚庆O2O创业公司是一个C2B模式的结婚一站式服务平台，具体模式为：DIY定制婚礼+C2B向商户方向招标+第三方支付。聚喜猫就好似一块蛋糕，新人可以随意设计这块蛋糕，直到自己满意后再购买。

在聚喜猫线上平台上，在用户做婚礼设计测试时，将提交用户年龄层次（85后/80后/90后/95后……）、生活形象（萌妹子/女汉子/IT男/屌丝）、男女相识经历、男女星座、各自爱好、所期望婚礼风格、婚礼主色彩等信息数据，以及新人姓名、婚期、场地类型、酒店等信息，聚喜猫系统自动帮助新人设计婚礼，将包括婚礼所有流程、物料、出席人员等信息生成一个完整的方案通过微信发送给用户，用户可以把方案分享至朋友圈。当然有不满意的地方还可以后续沟通。结婚新人确认设计的方案后，系统即刻推荐合适的婚礼商家及相应的婚礼报价供用户选择。新人在婚礼结束后，再付款。

新人在线上提交信息数据，生成婚礼方案+招标，线下体验服务，线上确认支付的过程，聚喜猫根据用户信息，分析用户偏好，帮助用户自己DIY制作用户专属的婚礼方案，后期用户自定义修改，全过程由用户参与思考与制作。

聚喜猫已与江苏13市60家婚庆公司签约；与浙江11市50家婚庆公司已全面对接；与安徽17市70家婚庆公司已初步达成合作意向。这是顺应年轻用户个性、自主的需求，也是信息时代数据的魅力。

4. 案例四：从O2O事业联结层次上，针对零售O2O举例

目前大多数红酒企业的O2O模式只是单纯通过发展在线的会员成为加盟商，以发展会员事业作为基点进行联结，以此线上到线下的转移来扩大利润，而并未进行完整的O2O闭环，获取背后潜在的数据价值。

2014年在众多商家纷纷试水O2O之际，品尚红酒顺利完成了C轮融资，在他们的O2O之路上又向前进了一步，品尚红酒也成了红酒行业线上线下整合的一个最典型代表。

由于红酒是一种介于虚拟与现实之间的特殊商品，它承载的不仅仅是口感与香气，更有着完整的红酒文化背景，是需要现场品鉴才有真实体验的产品。所以红酒的线上营销必须向线下引流，在线上获取它的产地是哪里、是哪家酒庄酿造的、隶属的等级是什么之后，在线下实体店铺中实地去品鉴红酒，通过线上挑选，线下体验，才能把用户体感做到极致。

对用户而言，购买红酒的线上向线下转移，是基于红酒这一类产品，必须依靠亲身品鉴才能知道口味是否适合其个人饮用。对于企业而言，将用户从线上导流到线下，更重要的意义是在服务过程中完成O2O闭环，获取用户信息数据。通过用户线下体验服务，完整地收集用户的口味喜好、购买周期、购买用途、价格承受力等信息数据；再进一步延伸服务还可以收集到诸如用户的人脉资源、用户的周边消费需求等数据，再通过对收集到的用户数据进行分析，就可以达到大数据的一个非常重要的目标作用，即预测。

随着企业收集到的用户数据量越大，分析预测出的结果准确性也就越高。例如企业可以通过对红酒销售数量的数据分析预测出某个特定顾客未来会购买何种口味的红酒、何种包装的红酒、每个不同时期会购买多少红酒等企业所想知道的一切信息。

企业可以通过大数据分析，准确地在用户家中购买的红酒即将喝完之际为他推荐他喝了之后就会喜欢的红酒并且不会超出他的经济承受能力。在节假日为用户准备好需要理想品牌与数量的红酒，作为用户赠送客户的礼品。

O2O 中，不一定是线上到线下，再将用户引流到线上，只要数据回流到线上，这就是 O2O 闭环的核心价值体验。

三、共性问题及解决办法

（一）共性问题——O2O 闭环

O2O 即 Online To Offline 的缩写，也就是把线上的生意转移到线下。团购是最大的 O2O 成功案例，这是 O2O 的 1.0 版本。2.0 版本应该是 Offline To Online 和 Online To Offline 相结合。在传统行业与文化企业中，线上与线下的数据整合才是在 O2O 的模式下大数据分析真正的核心所在。不论是传统企业转型还是文化产业，在 O2O 模式下，数据层面其实是不存在线上与线下的，而是成为整合的一个整体数据中心。在 O2O 领域，闭环是所有商业模式和用户价值模式的根本核心点，如何建立有效线上到线下再到线上的联结，实行完整的 O2O 闭环，获取有效营销数据，将是 O2O 模式的核心价值。同时随着用户数量的激增，海量的用户数据将成为决定 O2O 成败的关键。

（二）针对 O2O 闭环的解决办法

1. 交易闭环

线上运营、线下体验，将二者连起来的主线就是用户数据，数据同时驱动了线上与线下的双重发展。通过交易过程中的注册预订、个性优惠券等营销模式中集合用户数据通道，获知用户消费次数、消费水平、优惠数据、会员手机号、下载时间、消费时间、绑定卡号等信息，进行用户消费行为分析、预测。线上为线下带来订单，线下为用户提供体验，交易闭环获取的数据在这个 O2O 闭环里不断流动并不断增加，形成企业的数据资产。

2. 支付闭环

线上支付的第一大作用就是可以帮企业找到用户，在用户向商家支付的环节中进行闭环设计。如 NFC 支付（NFC 在中国未普及，可将 NFC 换成运营商计费、刷卡支付、应用支付）、二维码支付、空付等，用移动支付来让用户和商家之间实现真正的联系，从而取得相应的数据回报。企业获取用户消费行为，在用户行为数据上还原成为一个个鲜活的人，再进一步提供精准的营销和服务。

3. 整合闭环

站在O2O的角度来看，电子商务的本质在于非数据商品的数据化。所有的商品、用户信息全部数据化，通过大数据分析的结论来为平台的运营做引导。从商品供应到交易到反馈，进行行业与行业间、品牌与品牌间、交易间精准流量的转化，形成纵向横向的整合，线上线下资源对接循环，形成闭环。通过整合用户所经过的行业数据、品牌数据、消费行为数据等痕迹，掌握用户的需求、流向、价值偏好等价值信息数据。

4. 服务闭环

O2O闭环的实现，需要商户与用户的互动、平台的运营，尤其是精准流量的导入和转化是极其关键的。商户的网络营销水平、实体经营水平和质量等非网络产品的众多因素直接影响O2O闭环的质量和数量，而相关行业陈旧格局也难以通过产品去改变。因此，在用户消费体验过程中，通过为用户提供服务，在服务过程与用户接触采集相关用户信息，形成帮助企业了解客户的潜在消费需求的数据。

四、互联网文化企业发展趋势

（一）趋势一：新型文化产业的普遍发展

在中国互联网时代的前20年里，通过移动互联网和互联网，看到互联网对很多传统行业进行颠覆、代替、更新、整合，这只是一个初期阶段。而未来所有的行业，包括文化企业都会利用互联网技术完成自身平台的升华。

在互联网与文化企业融合发展过程中，所有的领域，尤其是文化创意产业中的诸多方面，都将与移动互联网进行结合。在结合的过程中，在互联网线上线下整合营销模式中，建立企业营销数据库，真正研究移动互联网时代的用户习惯和行为变化，整合发现新的用户消费习惯和新的市场需求，同时也会产生一批新型文化产业公司。在现在传统行业用互联网思维转型过程中，企业家时刻保持对新现象的敏感，探究现象背后的机遇，改变人们的思维方式，改变人们的行为习惯，创造出一个新的市场。

（二）趋势二：互联网文化企业迎来黄金发展十年

互联网文化产业也可以称之为数字文化产业、新媒体产业、数字娱乐产业，特别是移动互联网，通过商业模式创新成为当今文化科技融合的核心领域。由于互联网文化企业具有向移动化发展、无边界的特点，促使互联网文化企业更多的选择结合移动互联，构建更完善的O2O商业模式，进行自主发展。随着移动互联网的普及，2011～2020年这10年，将出现更多、更强大的互联网文化企业，其中与移动互联网有关的数字文化产业预计在未来的5～7年中也将占到中国文化产业总额的70%。

刘新良

北京新元文智文化公司董事长

第八章　互联网文化企业并购

随着移动互联网时代的加速到来，互联网文化企业巨头之间的竞争演变成平台之间的竞争、生态系统之间的竞争，互联网产业正处于新一轮整合过程中。为抢占市场先机，中国互联网界三巨头BAT纷纷立足核心业务，围绕入口、平台、生态系统，调整或剥离非核心业务，通过投资、并购、合作等方式跑马圈地，对社交、购物、娱乐、出行、医疗、教育、餐饮等与生活密切相关的细分领域进行多元化的全产业链战略布局。本章主要梳理和分析了2014年互联网文化企业并购动因、并购格局与特点，并对2015年互联网文化企业并购趋势进行展望。

一、并购新格局

2014年我国互联网文化企业的大规模并购热潮涌现，总体规模再创新高，热点领域更广。作为互联网文化企业扩张与竞争、传统文化企业转型的重要手段，并购已成为互联网行业的新常态。

（一）并购浪潮动因分析

这一并购热潮的形成不仅有国际国内经济环境的宏观因素，还有市场竞争加剧和一系列政策利好推波助澜。

1. 国际、国内环境为跨国投融资并购升温

以美国微软、谷歌、苹果、脸谱为首的巨头主导着世界互联网格局，但近几年快速成长的中国互联网企业正依托着强劲的消费市场和资源整合能力走上国际舞台，在全球范围展开提升影响力的并购和投资，对现有世界互联网竞争态势构成挑战。2014年，有实力、发展战略明确的互联网文化企业巨

头加速了国际投融资和并购的步伐，紧紧抓住机遇，主动“走出去”，优先布局并整合产业链，巩固和拓展重点业务领域。京东商城、阿里巴巴、新浪微博、乐居、途牛、聚美、猎豹、智联招聘、迅雷和乐逗游戏等中国互联网企业纷纷登陆美国证券市场，在美国资本市场进行大规模融资。随着阿里巴巴在美国纽交所上市，三大互联网巨头已经跻身世界互联网公司前十名之列。

从国际环境分析，当前世界经济处于国际金融危机后的深度调整过程，总体复苏疲弱态势难有明显改观，这为处于快速成长期的中国互联网文化企业提供了千载难逢的国际化并购与投资机遇。从国内环境分析，当前我国正处在经济结构转型攻坚时期，经济增速放缓，经济新增长点尚未形成，经济下行压力和风险依然较大。这些情况，促使互联网文化企业将目标转向国外，通过股权投资、并购巩固提升竞争优势。全球第一的外汇储备大国为文化企业开展跨国并购提供了坚强的经济后盾；人民币升值降低了我国文化企业境外投融资的成本；我国专业服务机构的全球布局，为文化企业跨国投资并购提供了市场信息和交易保障，降低了文化企业的交易成本和交易风险。

2. 产业发展进入新阶段

随着三网融合、云计算与大数据分析的发展与普及，互联网新兴商业模式日渐清晰，我国互联网文化产业现已经进入融合、多元化发展的大时代，处于消费互联网企业深度整合、生产互联网企业崭露头角的关键时期。2014年是互联网公司构建生态系统的探索之年。互联网巨头的并购战略或者是为了消灭竞争对手，占据垄断市场，形成网络寡头经济；或者是为了提升竞争力，拓展产业链上下游，打造闭环的互联网生态圈；或者是布局未来互联网的发展方向，抢占制高点。

尽管现有传统文化产业细分领域竞争格局已经相对稳定，但开放、平等、协作、分享的互联网精神对传统文化企业提出了全新的挑战。以信息开放式平台、双向传播互动和多元资源共享为特征的互联网思维正渗透到经济社会的方方面面。它具有平等、高效、便捷的特点，减少了信息不对称，降低了交易成本，对产业创新、用户体验、社会管理等都有提升功能。互联共享取代零竞争成为互联网文化市场上的主旋律，各细分领域市场格局尚不明朗，新一轮跨界、渗透、颠覆和博弈竞争正在上演。众多互联网文化企业通过并购重组做大做强并进行扩张，或传统行业通过并购实现产业转型的意愿更加强烈，助推了并购市场的火热发展，在激烈的产业市场竞争中，迎来产业并购整合浪潮。

互联网产业领域呈现规模报酬递增特征，平台建设的平均成本不断下降，用户规模的级数增长，具有极强的网络效应。企业在初始建立以及前期投入市场时，其研发支出、市场开拓费用以及市场营销费用占据了互联网企业成本中的大部分份额。随着互联网企业用户的增加，其研发成本等已成为沉没成本，向一个额外消费者提供商品或服务的边际成本基本为零。同时，梅特卡夫法则表明，“网络的价值与网络使用者的平方成正比”。[①] 对于互联网文化企业而言，通过并购扩大规模，突破用户数量的制约，是提升网络价值、抢占市场份额的有效方式。

3. 政策利好集中释放

2014 年，文化产业进入快速发展机遇期。国务院及文化部等相关部委连续出台了多个文化产业相关扶持政策，涉及文化金融、文化财税、小微文化企业等方面。范围之广、数量之多、密集程度之高、扶持力度之大史无前例。《文化产业振兴规划》、《关于推进文化创意和设计服务与相关产业融合发展的若干意见》、《关于推动传统媒体和新兴媒体融合发展的指导意见》、《关于推动特色文化产业发展的指导意见》、《深化新闻出版体制改革实施方案》、《关于加快发展体育产业促进体育消费的若干意见》、《关于大力支持小微文化企业发展的实施意见》、《关于金融支持文化产业振兴和发展繁荣的指导意见》等一系列促进文化产业发展的扶持政策，将我国文化产业发展与振兴提升到了国家发展战略的新高度。这表明政府对文化产业发展极为重视，不断完善文化产业的顶层设计，加速推动文化产业发展成为支柱性产业，使其真正成为新的经济增长点、经济结构战略性调整的重要支点和载体、转变经济发展方式的重要着力点。

2013 年 A 股 IPO 市场经历了停摆的寒冬期，2014 年 IPO 开闸但发行缓慢，远远无法满足亟待资本化的企业需求。证监会公布的首发股票（IPO）正常审核状态企业基本信息情况表显示，截至 2014 年 12 月 26 日，中国证监会受理首发

---

① 清科研究中心. 2014 年中国互联网行业并购专题研究报告［EB/OL］. 人大经济论坛 http：//bbs. pinggu. org/a－1590837. html.

企业数增至647家。对关注并购退出、联合上市公司设立并购基金的创业投资/私募股权投资（VC/PE）机构而言，在眼下IPO退出无望、移动互联网企业盈利模式不清晰的背景下，通过并购渠道退出是更现实的选择。同时，资本市场上一系列并购监管松绑政策也成为A股上市公司并购重组井喷的重要动因。2014年修订的《上市公司收购管理办法》、《非上市公众公司收购管理办法》、《非上市公众公司重大资产重组管理办法》和《关于进一步优化企业兼并重组市场环境的意见》等一系列政策红利使得全年中国企业并购交易活跃度开始大幅提升。尤其是并购重组审核分道制的实施，将彻底改善以往我国上市公司不论企业所在行业、资质均需统一排队等候并购审核的低效状态，对提高我国上市公司并购重组效率、促进资本市场资源有效配置起到积极作用。如今互联网巨头企业跑马圈地的并购意愿强烈、力度增大，高效便捷的并购审核制度为创业企业背后的投资者通过并购退出提供了较为有利的市场环境。

（二）并购整体规模

1. 企业并购总体规模不断扩大

2014年互联网文化企业在中国并购市场的表现活跃度极高，得到广泛关注。根据IT桔子科技统计，从并购数量方面来看，2014年国内游戏动漫领域发生并购41起，占比最高，约为并购总量的18.6%；企业服务领域并购事件达37起，占比为16.8%；教育培训领域有24起，占比为10.9%；文化娱乐领域发生案例23起，占比为10.5%；移动互联网领域并购事件有7起，占比为3%。

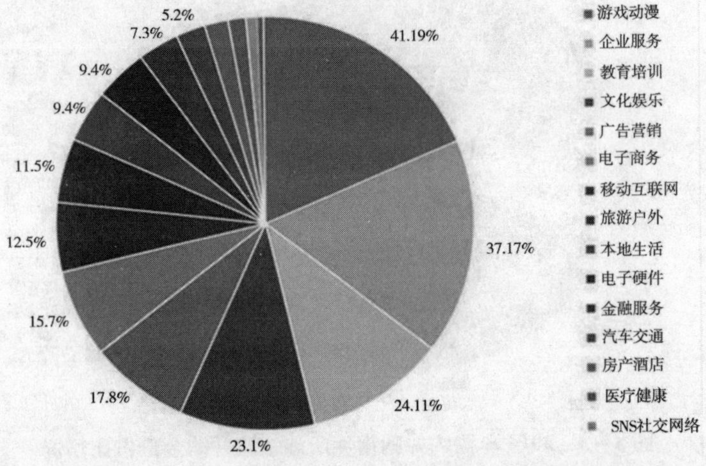

图8－1：2014年国内并购事件所涉领域数量占比情况

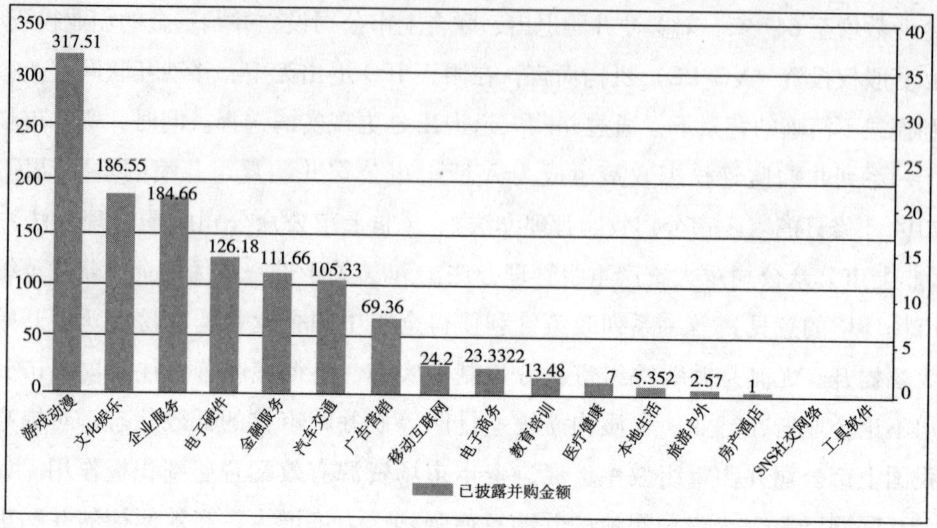

图 8 -2：2014 年国内并购事件所涉领域分布情况

从收购事件中已披露并购金额的数据来看，2014 年国内已披露的并购总金额达到 1181. 034 亿元。其中，游戏动漫领域最热门，涉及的金额高达 336. 71 亿元，占比为 28. 5%；文化娱乐领域披露的并购金额为 186. 55 亿元，占比为 15. 8%；移动互联网领域 2014 年度交易的金额为 24. 18 亿元，占总金额的 2%；教育培训领域尽管数量上较多，但实际披露出来的交易数据并没有那么充分。

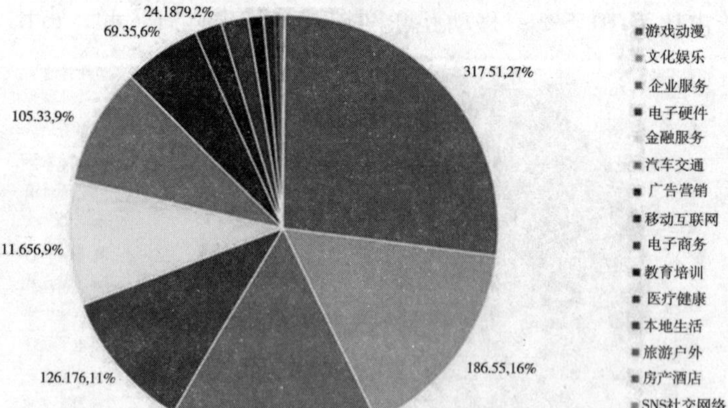

图 8 -3：2014 年国内并购事件所涉领域并购金额占比情况

2. BAT 重点并购活动

2014 年，三大互联网巨头 BAT 主导着中国互联网文化领域并购市场。在移动互联网及 O2O 正逐步成为主流的当下，BAT 纷纷立足核心业务，围绕入口、平台、生态系统，通过投资、并购、合作等方式将业务线向彼此的势力范围内延伸，谋求多元化的全产业链战略布局，扩张及竞争程度达到了前所未有的高峰。

（1）阿里巴巴

2014 年，阿里巴巴在国际国内市场上的投资并购劲头依旧迅猛。据不完全统计，当年阿里巴巴并购投资最活跃的五大领域为文化娱乐、移动互联网、消费生活 O2O、旅游和 SNS 社交，投资并购数量最多；从资金数额上看，移动互联网、文化娱乐和消费生活 O2O 耗资最多。在国际市场上，阿里巴巴 2014 年参与了国外 7 家公司的投资，涉及金额 15. 34 亿美元，涉及行业包括消费生活、游戏、金融、SNS 社交等领域。综合来看，2014 年阿里巴巴以完善产业链布局为目标展开并购投资，布局偏向于往更纵深的下游去延伸，正努力打造一个集文化娱乐、医疗健康服务、社交、旅游、教育等于一身的大体量综合性生态系统。

表 8 -1：2014 年阿里巴巴主要并购投资活动一览

时间	被并购/投资公司	领域	金额	类型
2014. 2	高德地图	移动互联网	10. 45 亿美元	并购
2014. 6	UC 优视	移动互联网	43. 5 亿美元	并购
2014. 1	时光小屋	移动互联网	N/A	投资
2014. 8	树熊网络	移动互联网	N/A	投资
2014. 3	文化中国	文化娱乐	62. 44 亿港元	并购
2014. 11	华谊兄弟	文化娱乐	36 亿元人民币	投资
2014. 9	魔漫相机	文化娱乐	N/A	投资
2014. 8	芭乐传媒	文化娱乐	1 亿元人民币	投资
2014. 6	虎嗅网	文化娱乐	N/A	投资
2014. 6	恒大足球	文化娱乐	12 亿元人民币	投资
2014. 6	21 世纪传媒	文化娱乐	5 亿元人民币	投资
2014. 4	V 电影	文化娱乐	N/A	投资

续表

时间	被并购/投资公司	领域	金额	类型
2014.4	优酷土豆	文化娱乐	12.2 亿美元	投资
2014.4	华数传媒	文化娱乐	65.36 亿元人民币	投资
2014.4	恒生电子	金融	32.99 亿元人民币	并购
2014.11	V - Key	金融	1200 万美元	（国际）投资
2014.5	阿斯兰商旅	旅游	N/A	并购
2014.9	石基信息	旅游	28.1 亿元人民币	投资
2014.3	百程旅行	旅游	2000 万美元	投资
2014.12	Ktplay	游戏	N/A	投资
2014.8	Kabam	游戏	1.2 亿美元	（国际）投资
2014.5	美团网	消费生活	3 亿美元	投资
2014.1	遛遛宠物	消费生活	N/A	投资
2014.5	卡行天下	消费生活	N/A	投资
2014.3	银泰商业	消费生活	53.7 亿港元	投资
2014.1	First Dibs	消费生活	1500 万美元	（国际）投资
2014.1	Peel	消费生活	5000 万美元	（国际）投资
2014.5	新加坡邮政	电子商务	2.49 亿美元	（国际）投资
2014.2	茵曼	电子商务	N/A	投资
2014.6	超级课程表	SNS 社交	N/A	投资
2014.11	陌陌	SNS 社交	6000 万美元	投资
2014.3	Tango	SNS 社交	2.15 亿美元	（国际）投资
2014.1	中信 21 世纪	医疗健康	1.7 亿美元	并购
2014.12	华康全景	医疗健康	N/A	投资
2014.2	VIPABC	教育	1 亿美元	投资
2014.4	快的打车	汽车交通	N/A	投资
2014.4	Lyft	汽车交通	2.5 亿美元	（国际）投资

（2）百度

2014 年百度投资并购活动主要围绕在线教育、文化娱乐、移动互联网、汽车交通等方面展开。其中，在线教育是百度 2014 年的重点投资领域之一。

2014 年百度大手笔进入在线教育领域，通过并购传课网、投资入股智客网、万学教育、沪江网，构建起完整的线上授课工具、交易平台和信用体系，形成闭环，补强百度教育板块的业务。在文化娱乐领域，百度并购了乐彩，进军网络博彩业，追投爱奇艺，快速成为视频巨头。此外，通过投资并购在室内定位、浏览器、物流服务、汽车交通等方面均具备了一定与阿里巴巴、腾讯对峙抗衡的实力。整体上看，百度的国内外投资活动相对集中，与阿里巴巴相比并购步伐也较为缓慢，基本的出发点或是加强核心业务领域，或是建立相关生态系统，或是布局未来机会。

表 8－2：2014 年百度主要并购投资活动一览

时间	被并购/投资公司	领域	金额	类型
2014.9	智课网	教育	1060 万美元	投资
2014.7	万学教育	教育	数千万美元	投资
2014.4	沪江网	教育	8000 万美元	投资
2014.7	传课网	教育	N/A	并购
2014.11	爱奇艺	文化娱乐	3 亿美元	投资
2014.1	乐彩	文化娱乐	N/A	并购
2014.12	Pixllot	文化娱乐	300 万美元	（国际）投资
2014.10	Indoor Atlas	移动互联网	1000 万美元	（国际）投资
2014.4	猎豹移动	移动互联网	5000 万美元	投资
2014.12	Uber	汽车交通	6 亿美元	（国际）投资
2014.11	oTMS 百川快线	汽车交通	600 万美元	投资
2014.9	上海汉枫	硬件	数千万元	投资
2014.5	蓝港在线	游戏	2000 万美元	投资
2014.10	Peixe Urbano	消费生活	N/A	（国际）并购
2014.1	糯米网	消费生活	N/A	投资

（3）腾讯

在移动互联网时代，腾讯较早通过自建或者投资并购等形式在游戏、社交、电商等领域的各个环节进行布局。2014 年腾讯在国内外的投资并购活动较密集，以投资活动为主，披露的并购事件仅有 2 起，热点领域涵盖了游戏、地图、消费生活、文化娱乐、电子商务、医疗健康、互联网金融和智能硬件等。其中，游戏依然是腾讯最核心并购方向。为巩固这一主营业务，腾讯更多的目光聚集在海外的创业公司上，谋求国际化发展道路。2014 年腾讯投资了 9 家游戏公司，有 7 家为海外公司。智能硬件和 SNS 社交领域是腾讯 2014 年在国际市场重点投资领域，各有 3 起投资事件。此外，腾讯还凭借强大的流量优势，涉足移动互联网紧密融合的金融、旅游、教育、汽车交通、医疗健康、消费生活等传统行业。

可见，BAT 在各纵深领域的不断扩张与布局，使得中国互联网世界的竞争格局受到深远影响，BAT 寡头时代已然形成。

表 8-3：2014 年腾讯主要并购投资活动一览

时间	被并购/投资公司	领域	金额	类型
2014.5	擎天柱	游戏	1.5 亿元人民币	投资
2014.1	艺动娱乐	游戏	数千万元人民币	投资
2014.12	Kamcord	游戏	1500 万美元	（国际）投资
2014.12	Aiming	游戏	N/A	（国际）投资
2014.12	Playdots	游戏	1000 万美元	（国际）投资
2014.11	4：33 Creative Lab	游戏	1.1 亿美元	（国际）投资
2014.9	PATI Games	游戏	2000 万美元	（国际）投资
2014.6	TapZen	游戏	800 万美元	（国际）投资
2014.3	CJ Games	游戏	5 亿美元	（国际）投资
2014.12	WiWide 迈外迪	移动互联网	3 亿元	投资
2014.2	刷机大师	移动互联网	数千万元人民币	投资
2014.5	四图维新	移动互联网	11.73 亿元	并购
2014.1	科菱航睿	移动互联网	6000 万元人民币	并购
2014.10	Blink 快看	SNS 社交	2000 万美元	投资
2014.11	Heirloom	SNS 社交	100 万美元	（国际）投资
2014.3	Whisper	SNS 社交	3000 万美元	（国际）投资
2014.10	58 同城	消费生活	8.6 亿美元	投资
2014.9	e 家洁	消费生活	400 万美元	投资
2014.9	华南城	消费生活	8 亿港元	投资
2014.7	荣昌 e 袋洗	消费生活	2000 万元人民币	投资
2014.2	大众点评网	消费生活	上亿美元	投资
2014.1	华南城	消费生活	15 亿港元	投资
2014.11	华谊兄弟	文化娱乐	36 亿元人民币	投资

续表

时间	被并购/投资公司	领域	金额	类型
2014.10	华彩控股	文化娱乐	数亿元	投资
2014.9	红点直播	文化娱乐	300 万美元	投资
2014.11	人人快递	电子商务	1500 万美元	投资
2014.10	口袋购物	电子商务	3.5 亿美元	投资
2014.3	京东商城	电子商务	2.14 亿美元	投资
2014.3	买卖宝	电子商务	1 亿美元	投资
2014.3	乐居	房产酒店	1.8 亿美元	投资
2014.8	跨考教育	教育	3000 万元人民币	投资
2014.7	优答	教育	3000 万元人民币	投资
2014.1	人人贷	金融	1.3 亿美元	投资
2014.1	富途证券	金融	数千万元	投资
2014.12	面包旅行	旅游	5000 万美元	投资
2014.9	我趣旅行	旅游	2000 万美元	投资
2014.2	同程网	旅游	5 亿元人民币	投资
2014.4	Weebly	企业服务	3500 万美元	（国际）投资
2014.12	滴滴打车	汽车交通	7 亿美元	投资
2014.1	滴滴打车	汽车交通	1 亿美元	投资
2014.10	挂号网	医疗健康	1.07 亿美元	投资
2014.9	丁香园	医疗健康	7000 万美元	投资
2014.6	PICOOC	医疗健康	2100 万美元	投资
2014.10	Tile	硬件	1300 万美元	（国际）投资
2014.9	AltspaceVR	硬件	520 万美元	（国际）投资
2014.7	Scaled Inference	硬件	N/A	（国际）投资

3. 并购基金迅速增长

2014 年，上市公司掀起一股竞相成立产业并购基金的热潮，其中互联网与文化传媒是热点领域。当年文化产业基金投资在移动互联网领域的有 11 起，占总数的 23%，旅游演艺行业 8 起，约占 17%。影视娱乐的规模占已披露募资规模的 37%，旅游占披露募资规模的 32%。

上市公司设立并购基金的具体模式主要有三种：一种是通过和 PE 合作，设立产业投资基金；另一种是通过和券商合作，共同设立产业投资基金；再有就是上市公司联合股东成立产业投资基金，谋求多渠道发展。第一种是目前最主要的模式，但随着上市公司并购重组市场化的提速以及支付工具的丰富，券商系的并购基金也随之兴起。

例如，掌趣科技投资华泰瑞联并购基金；乐视网与关联方乐视控股联合发起设立融投资和并购业务的基金，将提前布局与乐视生态相关的内容产业、互联网应用、移动互联网、云计算和智能终端等领域；互动娱乐与复星瑞哲合作拟共同发起设立两个投资平台；奥飞动漫与广发证券直投子公司广发信德共同出资设立面向互联网文化产业的基金管理公司；朗玛信息与太平洋创业联合设立拉萨朗游资本，并购39健康网，进军智慧医疗领域；当代东方与华安基金子公司共同发起的并购资产管理计划；海澜之家参与设立华泰瑞麟股权投资基金，重点投资领域为TMT行业，引起投资界的热烈关注。中南重工与中植资本设立中南文化传媒基金，并购基金将作为中南重工的文化传媒产业整合平台，主要投资于文化传媒类项目，逐渐向影视制作、文化创意、网络游戏等文化产业链上中下游延伸。

（三）热点并购领域

1. 影视传媒

互联网改变了电影业，原有产业链分工界线和平衡被打破，各个环节上企业的市场势力分布格局得以重塑。电影业的发展已离不开互联网，互联网企业搭建平台，资源整合能力强，集成平台作用，流量入口，抢先布局。在当前互联网与电影加速融合的格局下，BAT巨头们不再满足单纯地扮演宣传发行或联合出品投资的角色，而是要求更多的主导权，从项目的孵化、立项、投资、制作到发行都进行深度参与，并作为生态系统的支持者和平台提供者，让创造优质内容资源的个人、团队和公司进入生态系统创造更大的价值，然后从中分享收益。2014年，互联网巨头相继布局电影领域。

2014年，阿里巴巴在影视传媒这一备受非常关注的领域投资并购力度最大，发起了10起投资和并购，总金额接近30亿美元。具体包括：通过认购新股的方式，62.44亿港元收购文化中国近60%的股权并更名为“阿里影业”；65.36亿元入股华数传媒，12.2亿美元战略投资优酷土豆集团，12亿元投资广州恒大足球俱乐部，与腾讯、平安一起斥资36亿元入股华谊兄弟，5亿元投资21世纪传媒等，此外还投资魔漫相机、V电影、芭乐网、虎嗅网等。

腾讯作为互动娱乐业的霸主，一直高度关注影视传媒行业。2014 年腾讯成立了以优质 IP 为核心的影视业务平台“腾讯电影 +”。在这个领域的投资包括与阿里巴巴、平安集团一起斥资 36 亿元入股华谊兄弟；围绕微信生态链建设，投资数亿元战略入股华彩控股，布局新媒体彩票业；300 万美元投资视频服务提供商红点直播等。

2014 年百度成立了电影事业部（又称“百度影业”），与小米、顺为基金一起投资爱奇艺 3 亿美元，还投资 300 万美元以色列视频技术服务商 Pixellot，收购了彩票领域的乐彩并更名为“百度乐彩”。此外，百度还通过其控股的爱奇艺与华策影视成立合资公司（华策持股 51%，爱奇艺 49%），共同投资网络影视剧及综艺节目。华策影视将从一家以传统电视剧制作为主的影视公司向互联网型影视公司进行转型，深入参与全产业链，探索广告分成、粉丝经济、衍生品电商等领域。百度还可以依托大数据资源，针对互联网用户订制精品内容，深入挖掘百度贴吧、百度文学等业务，从而打造基于优质版权资源的系列影视内容。

2. 游戏动漫

随着智能手机的普及、移动互联网的崛起、生活节奏加快的背后消费者碎片化时间的增多，手游市场成为中国文化传媒增长异常迅速的细分市场。目前，手游行业尚处于上升发展期、行业集中度较低，研发运营成本低、联运为主的模式对行业巨头介入抵抗能力较强，行业盈利空间可期等优势，容易成为互联网巨头收购标的。但是目前手游行业竞争激烈，国内手游行业并购风险较大，今年互联网巨头将主要投资转向国际游戏市场。

2014 年，腾讯重点在游戏这一核心业务领域进行全球布局。和往年不一样的是，在腾讯所投资的 9 家游戏公司中，仅仅 2 家是国内的（擎天柱和艺动娱乐），其他 7 家都来自国外，而且国外投资累计金额超过 6.6 亿美元。其中包括移动游戏视频录制服务商 Kamcord、日本网络游戏开发商 Aiming、移动游戏开发商 Playdots、韩国游戏工作室 4∶33 Creative Lab、韩国游戏厂商 PATI Games、手游工作室 TapZen（现已被 Kabam 收购）、韩国端游及手游开发及发行商 CJ Games。腾讯通过投资海外工作室，可以建立更广阔的海外市场，同时在海外游戏开发商中产生更大的影响力。

相比之下，阿里巴巴游戏较为弱势，自身定位为游戏产品分发/代理。2014 年阿里巴巴推出自己的手机游戏平台，改变了目前游戏产业畸形的分成模式，试图打造开放共赢的游戏生态链。为此阿里游戏急需在日、韩、美等国际市场寻找好产品进行代理。从总体看，阿里巴巴 2014 年在游戏领域的投资相对保守，共有两笔投资，一笔是和游道易公司投资了移动游戏平台 KT-Play，转攻游戏社交引擎；另一笔是以 1.2 亿美元投资美国游戏开发公司 Kabam，通过淘宝和来往分销 Kabam 的线上和移动游戏。

而百度在游戏领域的布局较为迟缓，2014 年仅投资了具备自主研发优势的移动游戏发行商蓝港互动 2000 万美元。

3. 移动互联网

据 Digi－Capital 预测，2017 年全球移动互联网营收将达到 7000 亿美元，是 2014 年的逾 3 倍。其中绝大多数——5000 亿美元，将来自移动商务。亚洲是移动商务增长最快的区域，到 2017 年将占到移动商务市场的约半数。据艾瑞统计监测，2014 年中国移动互联网市场规模达到 2134.8 亿元人民币，同比增长 115.5%。同时未来依旧会保持高速增长，预计到 2018 年整体移动互联网市场规模将突破 1 万亿元大关。2014 年，互联网企业、创业企业和传统企业竞相入局移动互联网，从入口卡位到支付闭环，从创新应用到传统转型，增长势头强劲。

移动互联网对于阿里巴巴具有重要的战略意义，也是 2014 年投入资本最多的领域。2014 年阿里巴巴斥资 43.5 亿美元收购 UC 优视——旗下拥有 UC 浏览器、神马搜索、UC 九游、PP 助手等多个行业领先的移动互联网产品及平台。阿里集团基于电商、云计算、大数据方面的能力与 UC 优视在无线互联网方面的积累相互结合，弥补阿里在移动社交领域的短板。

另外一个大手笔则是 10.45 亿美元收购高德地图。基于地图定位系统的 LBS 是移动互联网生态的基础，是 2014 年 BAT 巨头争相布局的重要方向。由于信息和时间越来越碎片化，用户体验取决于搜索和推荐的精确性，而 LBS 恰好满足了搜索用户精准搜索的需求。在这一政策与技术壁垒极高的领域，互联网公司通常选择并购快速进入这个行业。无独有偶，腾讯也是瞄准了这一市场，正在通过收购尽快地获取地图数据。2014 年 1 月腾讯花费 6000 万并购科菱航睿，更快速地获取数据，以及吸收专业地图领域的团队；5 月斥资

11.73 亿元入股中国最大的数字地图提供商四维图新，成为第二大股东。至此，目前国内最大的两家拥有甲级地图测绘牌照的企业分别被 BAT 中的阿里巴巴与腾讯所控制。相比之下，百度在这一领域的投资相对缓慢，将目标转向较为前沿的室内定位技术，2014 年对芬兰创业公司 Indoor Atlas 投资 1000 万美元。与金山软件、小米一起投资猎豹移动 IPO 5000 万美元，谋求移动安全领域的资源互补。

此外，商用 Wifi 领域被视为 O2O 领域的下一个引爆点。2014 年以来基于 Wifi 打造 O2O 入口成为了各方共识，Wifi 运营商开始受到资本追逐，也成为阿里巴巴和腾讯的争相布局的对象。2014 年，阿里巴巴领投商用 Wif 领域服务商树熊网络（WiTown）；而腾讯则与大众点评网一起注资商用 WiFi 解决方案、连接商家移动端服务的 WiWide3 亿元。

4. 在线旅游

在线旅游作为 O2O 的重要领域，近年来在移动互联网时代的推动下实现了爆发式增长。根据艾瑞统计，2014 年中国在线旅游市场交易规模已经突破 2700 亿元，比 2013 年增长 27%，占旅游业总比重的 8.3%。在线旅游产业链的参与主体由上游产品供应商、渠道商、媒介和营销平台以及用户组成。对在线旅游服务企业而言，渠道和营销平台是根本，而且平台与 OTA 之间的界限越来越模糊，呈现融合趋势。

当前我国在线旅游市场的格局基本分为携程系、腾讯系、阿里系以及百度系（又称 XTAB）。其中，携程系包括途家网、易游网、同程网、途牛网等；腾讯系包括艺龙、QQ 旅游、住哪儿网等；阿里系包括阿里旅行、百程旅行网、穷游网等；而百度系包括去哪儿、百度旅游等。

阿里巴巴 2014 年在线旅游领域的并购投资主要是拓展渠道、网罗营销平台和战略布局在线旅游相关信息技术。例如，率先在酒店信息管理系统布局，以 28.1 亿元投资石基信息，获得 15% 的股份；与宽带资本 2000 万美元投资出境游服务商百程旅游；并购了商旅票务技术平台阿斯兰商旅。百程旅游是一家专注做出境游的网站，经过多年发展不仅成为了旅游产品重要的营销平台，更打通了上游产品供应商，积累了丰富的渠道资源。此次阿里巴巴注资百程，其意义在于让阿里巴巴进一步渗透到出境游的渠道资源和营销平台。

2014 年，腾讯对在线旅游领域的投资比较活跃。具体包括 5 亿元投资国内领先的一站式旅游预订平台同程网，对专注境外游的我趣旅行和旅行体验分享的面包旅行分别注资2000万美元和5000万美元。

百度旗下的“去哪儿”正从原来的搜索比价平台向直销和OTA模式转型，大举笼络线下资源，近来又大力推进云开放平台战略，开放去哪儿的数据、接口、资源、供应链、旅客及资本，以期覆盖全部业务，实现全产业链覆盖。

面对去哪儿、阿里旅行等平台网站竞争，携程着力打造开放平台，主攻无线、开放平台以及游轮、门票、车票、团购等业务，并在行业上下游展开了一系列的投资并购。2014年，携程投资途牛、同程网两家OTA企业，并入股出境游批发商华远国旅。对业内老大携程而言，并购的意义在于通过并购笼络资源，巩固市场地位；投资上游供应商，把握优势产品资源；投资直接竞争，建立联盟，降低行业内耗。

5. 在线教育

随着互联网等现代技术快速发展，在线教育行业市场规模面临大爆发，发展模式将出现颠覆式的变革。据艾瑞咨询估计，预计到2017年在线教育市场规模达到1733.9亿元，在线教育用户规模达到1.2亿人。目前在线教育领域企业竞争态势严峻，面临三重夹击。一是产品同质化严重；二是开始有招聘机构陆续加入在线教育，加剧了竞争格局；三是传统教育机构携强势内容资源转型。近年来，互联网巨头阿里巴巴、腾讯、百度、网易、雷军旗下的顺为基金等纷纷抢占在线教育市场，使这一领域迎来并购投资热潮。

BAT等巨头多数通过并购或者入股的方式融合更多垂直教育企业以布局各自的生态教育圈。2014年阿里巴巴领投，淡马锡、启明两家跟投在线英语学习平台VIPABC母公司Tutor Group，投资金额高达1亿美元。此次注资VIPABC实为阿里巴巴在在线教育市场的第二弹。2013年下半年阿里巴巴推出“淘宝同学”教育频道，具有聚合线下教育O2O及在线教育视频直播等功能，其在线直播课程包含从K12升学考试到职业技能培训等目前所有主流的教育领域。

2014年，百度对在线教育的整合力度最大，不仅并购了传课网，还积极投资了智课网、万学教育、沪江网，加强了百度教育板块的业务，使其在线教育业务进入实际运转阶段。通过百度“度学堂”和传课网正式合并，“百度教育”频道不再局限于扮演线下传统机构 O2O 导流的中间页角色，而是通过全新品牌“百度传课”，大举进入在线教育平台实际运营环节。传课网融入百度在线教育业务“度学堂”，补充其在线课程分享平台内容；而百度则为传课网带来流量优势和线下教育机构资源。

腾讯布局在线教育领域的布局也不甘落后，2014 年 4 月推出了专业在线教育平台“腾讯课堂”；7 月，腾讯与新东方合资成立在线教育公司——北京微学明日网络科技有限公司，正式进军教育市场；8 月，投资跨考教育 3000 万元。腾讯与新东方的合作，充分利用了腾讯的技术积累和互联网资源优势与新东方在内容和教育方面的资源优势。合资公司的首款产品优答已在 2014 年 12 月发布，并通过腾讯的线上资源和新东方的线下资源进行推广。

2014 年具有浓厚雷军色彩的顺为基金重点投资教育领域，分别投资了 4 家公司：K12 阶段的一起作业、语言学习方向的 51Ttalk、兴趣教育的星空琴行、出国留学方向的维立克教育。与其他几家巨头不同的是，顺为基金没有充分利用小米资源与投资的教育资源进行有效对接，仅停留在战略投资层面。

当互联网巨头纷纷不惜重金抢占在线教育市场，而拥有丰富线下教学资源和用户的传统教育培训机构，如学大教育、好未来、学而思、复星集团、环球雅思等体量大，难以转型，要么向互联网巨头靠拢，要么通过并购同类扩大规模才能在竞争激烈的在线教育市场立足。可以预见未来几年在线教育领域并购投资将出现井喷。

二、并购新特点

随着移动互联时代和大数据时代的到来，由文化龙头企业发起的产业内纵向整合、互联网新贵主导的“文化圈地”运动以及传统产业发起的跨界并购如火如荼，在产业链整合、融合以及线上线下融合方面表现出新的发展特点。

（一）产业链垂直整合

互联网文化领域以产业垂直整合为目标的企业并购已渐成市场热点。在经济转型的背景下，互联网与文化产业已进入繁荣周期，互联网与文化产业领域的上市公司频频寻求跨界并购，其收购行为较少为横向的同行收购，而更多是上下游的纵向收购，收购对象也大都分布在互联网、网游及其他文化产业链[①]。例如，乐视收购花儿影视，爱奇艺与华策影视投资设立影视公司，实现渠道向内容延伸；阿里巴巴收购高德地图，揭示了资本正寻求通过跨界打通产业链，从而在相关行业建立更大的市场话语权；新媒体转型的战略布局下，粤传媒参股万将科技进入游戏研发领域，延伸了游戏业务的上游产业链，拓展到游戏业务的内容生产环节，同时有助于公司的游戏发行代理业务发展等。

以乐视为代表的互联网文化企业，通过整合上下游企业打造了覆盖视频、硬件、电商的三大互联网入口，使得互联网入口功能正在呈现出多样性，形成“平台 + 内容 + 终端 + 应用”的乐视生态垂直产业链整合模式。在平台端，乐视的云视频平台以及乐视云网盘等不仅可以为输出其他视频网站和商家的视频服务，同时还占领了部分数据储存的入口；在内容端，乐视网凭借超强的版权优势，无疑占据了视频网站的入口；而终端上，超级电视更是抢占了客户的客厅入口；应用方面，乐视的应用商城未来将为客户提供更多包括购物、游戏等软件下载，此外，乐视还在天猫的平台上拥有乐视 TV、乐视生态官方旗舰店等入口。垂直产业链整合的做入口的手法意味着这家公司不仅仅只有一个入口，而是在整条产业链中都有可能形成它的入口，并且这些入口还将一环扣一环，出现联动。基于用户、基于内容的聚合，是视频娱乐内容与电商融合的最好体现。乐视创始人贾跃亭曾经表示：“互联网时代，企业反而容易死于专注。”贾跃亭认为，企业的竞争已经不是点对点的竞争，而是链条对链条的竞争，是生态系统的竞争。公司快速成长需要打造一个独特的生态系统才能够获得支撑。乐视现已成为继 BAT 之后互联网的第二大势力。

以腾讯为例，近年来以并购为手段，不断培育着产业链的上下游，直奔“以 QQ 及微信为核心基础平台、全面开放的互联网生态圈”的终极目标[②]。其中，游戏是丰富平台内容的重要方面，更多原创游戏能够提高 QQ 及微信作为沟通工具与内容分享平台对用户的黏性。2010 年以来，腾讯在游戏领域展

---

① 清科研究中心. 2014 年中国互联网行业并购专题研究报告［EB/OL］. 人大经济论坛，http://bbs. pinggu. org/a - 1590837. html.

② 苏龙飞. 530 亿并购大鳄如何炼成［EB/OL］. 新财富，http: //www. xcf. cn/tt2/201408/t20140815_ 626664. htm，2014 - 08 - 15.

开全产业链投资并购布局，对产业链上下游企业进行整体垂直整合（表8-4）①。腾讯先后打造了三个游戏运营平台：休闲游戏平台、竞技游戏平台和移动游戏平台，是国内网游领域的集大成者。在国内网游市场，腾讯的份额占据半壁江山，营收超过网易、畅游、盛大、完美、巨人等巨头之和。依托自己作为游戏运营商的强势地位，腾讯自主研发游戏的同时，在国内外对上游的游戏开发商、游戏引擎公司大规模并购，而且还同时向下游的游戏分发渠道和游戏辅助延伸。此外，腾讯在手游领域的并购也是从研发到渠道全覆盖布局，谋求战略控制。2014 年入股的韩国 CJ E&M 旗下知名手游开发商 CJ Games，其开发的游戏曾长期位居韩国各大排行榜前列，腾讯目前在微信及手机 QQ 平台上运行的《天天富翁》、《全民砰砰砰》，即出自该公司之手。不仅如此，在此次收购交易中，CJ Games 还将合并 CJ E&M 旗下的游戏发行部门 Netmarble，腾讯自主研发的手游将能够通过此渠道进入韩国市场。

表8-4：腾讯在游戏领域进行的部分产业链并购

产业链位置	并购标的	主营业务
游戏技术底层	Epic Games（美国）	虚幻系列游戏引擎
游戏开发	网域（中国）	代表作《QQ 华夏》
	Riot Games（美国）	代表作《英雄联盟》
	Next Play（韩国）	代表作《QQ 仙境》
	CJ Games（韩国）	代表作《全民砰砰砰》
	擎天柱（中国）	代表作《封神》
游戏运营	Outspark（美国）	北美地区网游运营平台
游戏渠道	Level Up（新加坡）	掌握巴西、菲律宾及美国部分游戏分发渠道
	Kakao Corp（韩国）	韩国移动游戏分发平台
游戏辅助	ZAM（欧洲）	游戏插件社区
	Kamcord（美国）	游戏视频录制
	RunWilder（美国）	游戏人物形象设计

① 苏龙飞. 530 亿并购大鳄如何炼成［EB/OL］. 新财富，http：//www.xcf.cn/tt2/201408/t20140815_ 626664.htm，2014-08-15.

（二）互联网与文化产品全价值链条的跨界融合

文化产品以内容和创意取胜，而随着互联网的发展，特别是现阶段移动互联网的布局，互联网对于影视传媒等传统文化行业的颠覆越来越明显，从内容创作到生产制造、渠道分发，最后到终端消费，与文化产品全价值链进入深度融合阶段。它从根本上影响和改变很多内容生产方式、传播方式，甚至颠覆了消费者的消费行为习惯。互联网企业拥有庞大用户接口，可以快速有效地将产品推向市场，逐步影响并推动产业链各个环节发展方向、战略定位与商业运作的变革与升级。

2014 年 11 月，百视通并购东方明珠，百视通将旗下内容、渠道和服务终端企业进行了重整，将全力打造包括“内容、平台与渠道、服务”在内的互联网媒体生态系统，还将推进传统媒体与新兴媒体的融合，成为文广集团统一的产业平台和资本平台。重组完成后的新上市公司既有文化传媒全产业链运营优势，又依托 SMG 传统内容和互联网电视集成播控和互联网电视内容服务等新兴媒体牌照等资源优势，业务布局全面，业务形态多样，成为一家新型互联网媒体集团。百视通打造的是“内容 + 平台 + 终端”聚合传媒集团，而华谊兄弟、华策影视、华录百纳、光线传媒等则属于影视与游戏泛娱乐化概念集团，将围绕同一 IP 开发“影视 + 游戏 + 文学 + 动漫”等作品。前者重在以平台来凝聚并展现竞争力，而后者则主要体现在以内容来发散产业链的产品①。

2014 年 11 月，华谊兄弟宣布与腾讯、阿里巴巴达成战略合作。与腾讯的强强联合，有利于打通双方 IP 权利的流转，通过华谊电影 IP 与腾讯文学、游戏 IP 的相互优先合作，实现华谊和腾讯 IP 内容的共通，促进华谊和腾讯携手共建互联娱乐网生态圈。华谊与阿里巴巴双方全方位合作，积极拓展全新电商产业模式，开发内容传播新渠道，并依托华谊影视作品、艺人等优势内容与阿里巴巴数字娱乐产业、电子商务平台、互联网金融相结合的形式，打造以传统媒体、互联网、金融等方式相结合的全新互动体系，获得内容传播与商业收益的双赢。例如，对于“娱乐宝合作影片”、“制作发行合作影片”及

---

① 中国经济网. 2014 文产并购规模超千亿影视传媒成热点领域［EB/OL］. http://www.ce.cn/culture/gd/201412/27/t20141227_4214126.shtml，2014-12-27.

“阿里参投影片”，华谊将优先与淘宝网就线上票务销售进行合作，阿里巴巴将提供淘宝网优势资源对此进行重点宣传推广。华谊旗下的实景娱乐主题公园如涉及门票销售及O2O业务，阿里巴巴同意优先协助华谊在阿里巴巴各平台进行推广合作。华谊通过和腾讯与阿里巴巴的战略合作，使互联网基因全面渗透到华谊文化产品的每一个价值链增值环节。

（三）线上线下融合

团购、餐饮、生鲜电商、教育、旅游、家政、金融等领域均存在大量线上线下融合机会，各类O2O细分行业纷纷兴起，满足用户多方面的生活消费需求。由于线下传统行业并不是互联网企业的专长领域，在当前的快速“圈地”扩张阶段，通过投资并购来做这些垂直行业是十分高效的手段。O2O已成为互联网巨头角逐最激烈的领域，各大互联网巨头正加快并购步伐，抢占流量入口，努力构建移动端的消费闭环。

消费生活O2O服务是阿里巴巴目前的战略重点业务，也是其2014年并购投资热点之一。在生活服务领域，以53.7亿港元投资银泰商业，参与美团新一轮5亿美元的融资，此外还投资了垂直方向上的遛遛宠物，整体金额也接近30亿美元。在汽车交通、房产酒店、教育、旅游、医疗健康等多个方向阿里巴巴的投资并购活动也很活跃。交通出行领域包括领投美国拼车公司Lyft的2.5亿美元D轮融资、数千万美元参与快的打车的投资等；酒店领域则以28.1亿元投资石基信息获得15%的股份，在酒店信息管理系统布局；教育领域以1亿美元领投语言学习网站VIPABC；旅游方向上，和宽带资本2000万美元投资出境游服务商“百程旅游”、收购了商旅服务商“阿斯兰”；医疗健康领域，以1.7亿美元联手云锋基金投资中信21世纪并更名为“阿里健康”，还以数千万美元投资移动医疗及挂号服务商“华康全景”。在金融领域，阿里巴巴自身非常强势，业务线很长，在投资上面也很关注，包括以32.99亿元入股恒生电子、1200万美元投资移动安全支付公司V-Key。

对于腾讯而言，消费生活O2O也是2014年的战略重点。腾讯围绕58同城上市前后进行了3轮投资，总金额达到8.6亿美元，持股比例也达到了24%，占有非常重要的股东地位。腾讯还投资了大众点评网，持股比例达到20%，相比大众点评接近10亿美元的估值。此外还投资了华南城、e家洁、e袋洗等。与阿里巴巴一样，腾讯在汽车交通、医疗健康、教育、旅游、金融、房产酒店等领域也进行了比较多的有战略针对性的投资布局。交通出行上，腾讯继续大手笔投资滴滴打车；医疗健康上，腾讯首次开始布局，覆盖软硬件、移动及PC，包括1亿美元投资挂号网、7000万美元投资丁香园、2100万美元联合京东投资PICOOC；教育领域则先后投资了跨考教育、优答等；金融上投资了人人贷、富途证券；旅游领域投资了同程网、面包旅行、我趣旅行；房产酒店则以1.8亿美元投资乐居，入股15%，打造移动房产电商平台。

依托百度地图和百度糯米服务，百度快速切入本地生活服务领域，将用户消费场景深度覆盖到餐饮、电影院、KTV、商场、酒店、公交、超市、公园景点等本地生活领域，并通过开发或整合独立的APP应用，将这些APP在百度地图上以互相打通的方式共建LBS生态圈。在消费生活领域，百度全资收购了糯米网剩余股份，并将其业务拓宽至二、三线城市，从而利用糯米网的地推能力，建立百度移动端产品的线下销售渠道。教育领域，百度并购了传课网，还积极投资了智课网、万学教育、沪江网。

三、并购新趋势

（一）移动互联网的资源整合力度增强

当前，移动互联网已经超越了以基础通信与社交为主要特征的萌芽期、以购物与娱乐为主要特征的初步发展期，进入以多元化生活服务为特征的高速发展期。移动互联网的商业模式是通过极致的产品和服务来获取用户，把用户变成自己的“粉丝”，然后通过跨界整合资源来为用户提供更好的用户体验，最终提高用户的单位用户平均收入（arpu值）。而线下商户所提供的产品和服务种类、特征各异，同样需要互联网平台提供客制化程度很高的LBS、移动支付和移动社交等服务，从而成为互联网企业的营收的主要来源。互联网与实体经济资源互通，相互支持，实现线上线下的融合是必然趋势。

随着移动互联网成为互联网应用的关键入口，免费开放式平台、“轻资金”和“轻工厂”的现代物流供应链、移动微电商和移动微媒体等移动互联网思维真正渗入各个传统行业，与行业内部资源流程深度整合，带动传统业务流程重构和商业模式创新[①]。移动互联网与传统文化行业的紧密融合，线上线下（O2O）应用体系不断创新，用户需求多元化释放。信息消费内涵丰富，信息不对称大大减少，交易成本大幅降低，资源整合力度与使用效率不断提升，日渐催生出新兴文化业态，改变了原有企业的市场力量与行业竞争态势。

从竞争格局角度来看，移动互联网在广告、电商、金融、视频、游戏、新闻、旅游、健康管理、教育和医疗等领域的跨界融合正在经历快速洗牌阶段。未来那些拥有资本和先发优势的巨头将继续保持领先地位，继续以抢占入口、搭建平台和构建消费生态系统为目标，广泛参与投资并购，整合线上线下资源，提升企业综合竞争实力。例如移动互联网与影视传媒的融合，2014 年在网络视频、影视传媒等典型的体验经济领域，用户数量、经营规模将成为各方角逐的重点，传统企业转型升级需求越发迫切，行业集中度将显著提升，多元化特征将更加显著。由于受到市场环境利好影响，"互联网 +" 相关文化产业将成为推动经济增长的主动力量之一，行业内公司盈利将持续增长，从而引导市场资本持续流入，未来几年传媒并购潮将持续火热。

（二）平台类与垂直类企业共生共融

如今互联网文化企业大致分为"平台类"与"垂直类"两种，像阿里巴巴、腾讯、京东、百度、小米等都朝着平台类公司发展，集成了社交、游戏、金融、电子商务等各种功能。对平台类企业来说，除打造平台产品外，还需要不断完善协调由公司、供应商和用户在专业领域所组成的生态系统。这类企业数量较少，规模一般比较大，一旦建立起领先优势，进入与退出壁垒较高，寡头竞争也更为激烈。这些公司包括谷歌、亚马逊、苹果、阿里巴巴、腾讯、小米等。比如，亚马逊借助出色的物流和分销体系向消费者提供各类产品，思科借助自有平台和广泛的关系网络来满足客户的各种需求。但平台类企业之间的竞争，较容易陷入贪大求全的发展竞赛，面临同质化竞争、用

---

① 赛迪智库移动互联网产业形势分析课题组．移动互联网产业：增长快转型高端难［EB/OL］．中国电子报、电子信息产业网，http：//www. cnii. com. cn/mobileinternet/2014 -02/17/content_ 1305220_ 2. htm，2014 -2 -14.

户对单一平台的黏性不够等问题。

同时，垂直类企业正不断地涌现出来，尤其是一些新型的创业公司，专注于打造以客户价值和用户体验为中心的好产品，专注于加强业务生态链。这类企业数量众多，包括应用程序开发商、专业产品生产商、配件生产商、零部件供应商以及某个特定领域的创新型企业等。比如 APP 商店中的包括游戏、娱乐、教育等众多开发商，淘宝、京东等网络商城中的各类产品提供商。在新的竞争格局之下，垂直类企业将大量涌现，将某类产品或服务做到极致，或者直接成为某类产品的上游供应商或下游服务提供商，凭借独特的核心能力来加强市场地位，使进入与退出行业壁垒大幅降低。在当前的发展阶段，垂直类企业比较容易成为平台类企业并购和投资的对象，从而被纳入平台类企业发展扩张的战略版图。例如，国内最大的移动母婴垂直社区辣妈帮，真正把用户量、社区氛围带起来，用户数量、活跃度、市场占有率均处于行业内的绝对领先地位，目前已经完成了上亿美元的多轮融资。

未来移动互联网将会出现更多的垂直型应用与服务，并且平台类企业对垂直类企业的并购整合热潮不会停歇。在当前发展阶段，平台类企业与垂直类企业拥有共同的利益出发点和落脚点，彼此互补共赢，相互依存，最关键的是都能在移动互联网时代共生共融。

（三）强强联手并购成为常态

在互联网开创的全新商业时代，“分享经济”的商业准则是资源共享而不是排他式的独占。随着互联网文化企业快速成长，并购整合是最有效的扩张工具。在并购市场上，除了“大鱼吃小鱼”式的吞并，强强联手式的战略并购，使得原有跨界或是同业竞争关系消解，行业优质资源得以整合，已经逐渐成为并购市场的主流。如脸书（Facebook）190 亿美元巨资收购了全球排名第一的即时通信工具 WhatsApp，腾讯收购 58 同城，中国互联网历史上最大并购案——滴滴与快的战略合并，阿里巴巴并购高德地图、百度与 91 无线等，均是强强联手的并购模式。

这一类企业并购通常是战略性行为，或是着眼于优质并购标的企业的市场与用户、品牌与资源，力图通过吸纳优势资源，弥补现有业务短板，实现战略布局；或是为了防止优质核心资源落入竞争对手而开展的防御性并购。腾讯以 O2O 史上最大现金交易战略入股 58 同城约 20%，实现了“第一 + 第一”的强强联合。58 同城作为大型生活服务类网站所提供的信息类服务，与最大社交网站腾讯坐拥的十几亿用户群形成可持续性发展的资源整合，无疑是一种多赢的新型商业模式。对 Facebook 而言，WhatsApp 无论是独立还是被出售给其他公司，都能挑战 Facebook 对社交网络的牢固控制，由此才成就了如此巨额的交易。这一案例属于典型的防御性并购。

在未来加速布局移动互联网的发展背景下，实力强的互联网文化企业将改变单兵作战的发展策略，试图通过强势企业或优质资源之间的联合并购整合，在产业链上“集成”起来协同作战，或并购或同盟合作，获取流量、抢占入口、构建生态圈，形成协同效应、乘数效应。这对并购双方而言是一个双赢和多赢的局面。

（四）迎来以版权为纽带的企业并购高峰

版权是文化企业获取经营收益的核心资源，通过对版权内容的生产、管理、运营，形成了版权资产，也构成了文化企业的核心竞争能力。随着数字版权管理技术的逐渐成熟，互联网文化产业“内容为王”的竞争特性日益凸显，优质版权资源（IP）极度稀缺，成为各大平台差异化竞争的法宝。尤其是对视频网站而言，热门综艺独播版权更是炙手可热。如果缺乏原创性文化内容和品牌意识，文化企业难以在新媒体环境下有效跟进市场化运作，也无法形成核心竞争力。如今，优质 IP 竞争已经成为互联网文化企业的发展方向，以优质版权资源为纽带的企业并购高峰也即将来临。

通过并购，建立有效的版权开发体系，充分盘活、流转优质版权资源，丰富版权开发方式，加快文化内容和形式的创新，延伸版权价值，带动版权的综合利用、实现“一鱼多吃”，形成充满活力的版权产业链。2014 年 11 月，华谊兄弟宣布与腾讯、阿里巴巴达成战略合作，其核心战略之一便是打通华谊和腾讯双方 IP 权利的流转，通过华谊电影 IP 与腾讯文学、游戏 IP 的相互优先合作，实现华谊和腾讯 IP 内容的共通，促进携手共建互联娱乐网生态圈。

以手游行业为例，游戏版权管理越来越规范，手游生命周期越来越短，导致版权资源竞争成为主要趋势。资金雄厚的互联网巨头如腾讯、搜狐畅游、360 都加入了优质 IP 抢夺大战。在华谊兄弟并购手游公司银汉科技的案例中，作为影视行业的龙头公司华谊兄弟有着强大的电影、电视剧制作能力和艺人资源，除了自身影视作品的发行能力和对娱乐类媒体的影响力之外，同时还有线下营销渠道，而这些能力和IP资源，正是游戏业所紧缺的。通过并购，华谊兄弟的IP资源与银汉手游业务整合共享，使华谊的影视作品不仅能通过院线、电视剧版权和广告收入变现，还有了通过手机游戏变现的可能性。

田蕾
中国人民大学产业经济学博士
北京市社会科学院助理研究员

第九章　互联网文化企业的上市

互联网文化产业是一个新兴的行业，它以互联网为载体，涉及知识、信息、娱乐和休闲等诸多领域内容。伴随着信息技术的快速发展和网络的普及化，互联网文化企业得到了迅速发展。企业的发展离不开资金的支持，我国的互联网文化企业也不例外，上市对于它们的发展具有重要意义。

一、互联网文化企业的上市历程

互联网文化企业依靠自身强大的成长潜力，在市场经济的浪潮中不断进行投资和扩张，以保障其在未来竞争中的优势地位。

（一）背景及现状

1. 背景分析

随着中国经济步入新常态阶段，政府急需对国民经济消费结构进行调整，互联网文化企业无疑是一个很好的选择。基于这种情况下，促进文化产业的政策密集出台。强大的政策导向致使部分传统文化企业纷纷登陆资本市场，互联网文化企业的发展趋于证券化。互联网文化产业作为文化产业的重要组成部分，登陆国内资本市场将成为政策趋势，审核阻碍将逐渐消除。

2. 行业发展情况

由于我国证券市场的不完善性，早期的互联网文化企业大多选择在海外进行上市。政府已经逐渐重视我国优秀互联网文化企业全部登陆国外资本市场的现状，目前，国内上市的最关键部取决于政策契机。从证监会、工信部以及商务部的最新动态来看，VIE 模式已经成为政策研究的重点，商务部明确表态“禁止国外投资者使用晦涩的投资模式逃避中国在外资并购方面监管”，直接说明了互联网文化企业在国内上市存在很大的可能性。

从行业发展趋势来看，互联网文化企业在国内上市将成为未来的主要趋势。我国的互联网文化产业已经从过热发展逐步转向理性拓展，从互联网巨头的发展趋势来看，网络游戏、网络传媒、网络电视和网络教育等细分领域已正在成为整个产业发展的新方向。此外，随着市场份额的逐渐扩大，国内互联网文化产业对资本市场的关注趋势愈加明显，政府的文化产业发展战略正在逐步适应行业发展趋势，放开互联网文化产业在国内资本市场融资成为必然趋势。

3. 上市的主要特点

互联网文化企业的上市已经成为证券市场的一个重要组成部分，上市的大部分企业净利润增长率都呈现大幅增长（见下表）。这些企业大部分选择IPO上市，它们大多设立在北京和上海。上市作为一种快捷的融资手段，无疑能够帮助互联网文化企业打通资金通道，增强其自身的资金实力和提升核心竞争力，但是因为行业本身的属性所限，上市仍面临很多制约因素和需要解决的问题。

表9－1：部分上市的互联网文化企业经营状况

企业名称	营业收入增幅（%）	营业利润增幅（%）
蓝色光标	155.4	101.2
乐视网	151.2	121.3
上海钢联	117.8	45.1
华谊嘉信	81.3	39.3
东方财富	51.6	56.0
光线传媒	45.4	77.1

数据来源：《中国文化产业上市研究报告》。

（二）上市的动因分析

1. 国家政策的鼓励

2008年10月，国务院公布的《文化体制改革中经营性文化事业单位转制为企业的规定》和《文化体制改革中支持文化企业发展的规定》，文件明确提出：凡是符合条件的文化企业可以提出上市申请；拟上市的公司应当完成投资主体多元化的改造和改制；对于已上市的文化企业，鼓励其通过定向增发和公开增发等融资方式对其他文化企业进行重组或并购；鼓励文化企业进入创业板融资。这些文件是对此前《中共中央、国务院关于深化文化体制改革的若干意见》进行的细化和完善，有力地为文化企业改制扫清了政策障碍。

2009年7月，国务院常务会议通过了《文化产业振兴规划》，对出版发行、广告、印刷复制、演艺娱乐、文化创意、文化会展、影视制作、数字内容和动漫等文化产业的发展提出了重点扶持的规划和方案。9月，中央政治局常委李长春强调，要把文化体制改革向纵深推动发展。

2011年10月，中共十七届六中全会通过了《中共中央关于深化文化体制改革、推动社会主义文化大发展大繁荣若干重大问题的决定》。将深化文化体制改革作为中共中央全会的主要议程，充分体现了党和政府大力发展文化子产业的战略部署，为新闻出版、广播影视、网络新媒体等文化产业的发展开辟了广阔的空间。

具体来说，目前出台的鼓励政策主要涉及以下几点主要内容。第一，减免国家税收。根据规定，转企改制后的文化企业可以享受免交企业所得税直到2016年。第二，产业政策的支持。“十二五”期间，中央政府将投入90多亿元资金用于发展扶持文化产业。第三，政府公共行政资源的支持政策。第四，国有资产转化等资产层面的政策支持。

2. 行业发展的客观需要

互联网文化企业上市，有利于加快完善其产业链，对打通整个文化产业良性循环具有重要作用。此外，通过上市有利于形成大型企业，有利于行业内的优胜劣汰，促进行业整合发展。同时，促进地区融合发展，规范市场行为，培养规范性的市场主体企业，对互联网文化行业各个细分板块都带来长远的利好。

未来，中国的互联网文化企业参与国际竞争将成为一个无可回避的趋势。随着改革开放不断深入，经济快速增长，消费结构变化，巨额的利润和广大的市场深深吸引国外同行的目光，它们以先进的传输技术、丰富多彩的娱乐内容以及成熟的市场运作经验开拓中国市场。而随着中国企业自身的不断壮大，它们也将有更多的机会进入国际市场，与国外的巨头们一较高下。

3. 新技术发展带来的机遇

计算机通信网、广播电视网和电信网的相互兼容、相互渗透，形成维护成本低、适应性广、费用低廉的高速宽带的多媒体基础平台。它将提供包括语音、图像、数据等综合多媒体的通信业务，并逐步整合成为全世界统一的信息通信网络。原先独立运营的三网相互融合，其表现为技术上趋于一致，网络层面上实现互联互通，业务层面上互相渗透和交叉，应用上使用统一的IP通信协议。

过去，政府是文化产业的实际控制人，政策偏向性使国内企业习惯于从银行贷款，形成了国有文化企业对政府的长期依赖性。三网融合的出现，给互联网文化企业带来新的挑战和机遇，三网渗透带来资源共享，信息量倍增，互联网文化企业需要充分利用网络和手机等新信息平台，发挥其自身的优势。

2000年以来，中国互联网高速发展，传统文化产业的吸引力不断下降。不仅越来越多的青年人倚重互联网等新兴媒体，中年人和老年人也逐渐习惯从互联网上获取信息。网络的出现，在改变民众生活习惯的同时，也引导原有的文化企业转型。

（三）上市历程回顾

从20世纪末到现在，我国互联网文化企业的上市先后经历了探索阶段和发展阶段，现在步入全面兴起阶段。鉴于互联网的不断深化，这类企业在未来很长一段时间内还将有巨大的融资需求。

1. 探索阶段

20世纪末，互联网文化企业纷纷选择在美国纳斯达克上市，它们都选择了IPO上市，融资规模在7000万美元左右。21世纪初，中国证券监督管理委员会发布了《上市公司行业分类指引》，将“传媒与文化业”列为一个基本项，打开了传媒产业上市的通道。同时，文化体制改革的试点工作也在全国如火如荼地全面展开。在此大背景下，互联网文化企业开始步入上市的探索阶段。

2. 发展阶段

2000年开始的股市泡沫危机降低了中国互联网文化企业上市的热情，一些已经上市的公司表现低迷，甚至出现面临退市的局面。2004年之后情况开始好转。2004年5月，大型网络游戏运营商盛大网络宣布在纳斯达克上市；

同年6月，国内拥有最大客户基数的IM软件提供商腾讯软件宣布在港交所上市；2005年中国网络搜索领域领军企业百度以每股27美元的价格在纳斯达克成功上市，当天开盘价格飙升到每股66美元，收盘价格122.54美元更是创下了中国企业海外上市首日涨幅的最高纪录。与探索阶段相比，该时期上市企业的融资规模有所扩大，市盈率相对较高。

3. 兴起阶段

随着互联网的不断发展，依托于互联网技术的新兴文化企业掀起了上市的浪潮，2006年以后迎来了上市的井喷。该时期的IPO融资额有了显著增加，部分企业的融资额甚至高达数十亿美元。2010年之后，受金融危机所累全球经济增速放缓，在这种大背景下海外市场掀起了一股中国概念股热潮，中国经济依然保持强劲的增长势头让投资者纷纷赋予中国上市公司足够多的想象空间。2010年12月8日，中国第一网络视频网站优酷登陆纽交所成功上市，同日，中国在线购物网站当当网也宣布在纽交所挂牌上市，海外市场再次掀起一番中国企业IPO热潮。2011年5月，中国SNS（Social Networking Service）网络巨头人人网宣布在纽交所上市，融资7.43亿美元。

二、互联网文化企业的上市模式

由于资本市场具有多样性，且上市企业自身的条件各不相同，互联网文化企业选择上市的地点和模式也各不相同。本部分将对企业在境内和境外上市的模式分别进行说明，并对不同的上市模式进行比较。

（一）境外上市的主要模式

互联网文化企业在境外的上市模式主要包括直接上市、买壳上市和发行存托凭证三种。本部分将对这三种模式进行详细介绍。

1. 直接上市

直接上市，即直接在境外市场进行IPO上市。具体来说，直接上市是直接用拟上市公司的名义向国外资本市场主管部门申请发行进行注册登记，并发行股票或其他衍生金融工具，向当地证券交易所申请挂牌上市的行为。境外直接上市由于是面向国外投资者直接发行的公司股票，一般来说，发行范围比较广，有利于提高企业的知名度。

需要注意的是，由于境内外法律存在较大差异，企业在进行海外上市时通常需要对公司的拟上市方案进行严格修订以符合国外证券监管机构的要求。此外，海外投资者对拟上市公司的中介机构背景比较重视，这迫使拟上市企业不得不聘请国际知名的投资银行、会计师事务所和律师事务所等帮助筹备上市相关工作，这无形中增加了企业的上市成本。同时，由于直接上市的程序比其他上市方式更为复杂，拟上市企业需要花费更多的时间和精力准备上市工作。

2. 买壳上市

买壳上市，也叫反向收购，指拟上市企业以现金或股权的方式收购另一家已上市企业的股权，从而成为控股股东，然后通过对子公司注入资产最终实现间接上市的目的。如前所述，由于直接上市的程序复杂且成本高，许多企业采取了买壳上市来完成资本市场的融资行为。

目前，海外资本市场，如美国的 OTCBB 市场，存在大量的壳资源，因此通过买壳上市实现上市对于我国急需海外上市的企业而言是绝佳的海外上市模式。我国互联网文化企业——联游网络就采用了这种方式登陆海外资本市场。2010 年 8 月，联游网络通过将 60% 的股份转至已经在纳斯达克上市的大华建设，以这种借壳方式成功实现了海外融资。

3. 发行存托凭证

存托凭证 ADR，指在一国证券市场上流通的代表外国公司的有价证券可转让凭证。由于海外投资者对非本国上市的公司并不了解，国内公司通过海外直接上市可能存在一定的风险，而发行存托凭证的出现则可以很好地解决这个问题。

简单来说，发行存托凭证是通过以下过程得以实现的：假设一家中国企业要在美国上市，它委托中国的一家银行保管其一定数量的股票，然后该银行通知美国的另一家银行在美国发行代表该股票的存托凭证，之后这些存托凭证可以在美国进行交易。由此可以看出，投资者所持有的存托凭证代表的是一定数额的公司股票，而存托银行是股票的托管机构，投资者是股票的实际所有者，因此通过发行存托凭证实质上与发行股票进行上市融资是相同的。

对于我国的互联网文化企业而言，由于存托凭证与股票性质一致，在美国上市的企业大都选择了发行美国存托凭证 ADR 的方式进行上市融资，如盛大、百度和优酷等企业。

（二）境内上市的主要模式

互联网文化企业在国内上市的主要模式包括 IPO 直接上市、借壳上市和分拆上市三种。本部分将对这几种上市模式进行逐一介绍。

1. IPO 发行

IPO 发行，又叫首次公开募股，指具有独立法人资格的股份制公司直接在证券市场上募集资金。

IPO 直接上市具有以下优点。第一，筹集资金的数量比较大且筹集效率高。一般情况下，采用 IPO 发行的股票发行量为发行后总股本的 25% 以上，募集资金一次性全部到位，金额较高。以北青传媒为例，该企业 IPO 直接上市发行 5000 万股 H 股，一次募集了超过 10 亿元人民币。第二，IPO 直接上市的自主性强。上市公司可以根据企业自身情况和发展战略，自己选择资产配置，自主安排公司治理结构，自行规划人力资源等，这有利于企业上市后的规范运作。第三，公众对 IPO 直接上市的企业认可度高。这些企业通常被认为实力强，能够实现直接上市的企业在公众中都有不错的口碑，短期内形成一定的公众话题，带动企业知名度的提高，相当于做了一次无形的免费广告。

IPO 直接上市也有一些缺点。第一，审核程序比较繁琐、复杂和严格。由于中国的上市条例对上市企业的独立性做了明确要求，上市企业与母公司不得有超过 30% 的关联交易，以保证广大中小投资者的权益不受侵犯。第二，IPO 直接上市周期长，长期的时间成本可能使企业失去转瞬即逝的发展机遇。一个完整的 IPO 直接上市需要经过改制、辅导、审核和发行等过程，走完完整的程序至少需要一两年，有时候甚至需要数年时间。粤传媒上市时借壳三板后再 IPO，花费了整整 7 年时间才完成上市过程。很多当初的发展设想都随着时间的推移而失去了拓展的最佳时间，甚至一些主管人员都在筹备上市期间发生了变化和调整。第三，如果证监会没有通过 IPO 直接上市方案，修改资料和补充完善手续后再度提交上会审核，至少需要耽误半年至一年的时间。上市的时间拖得过长，企业就越容易失去金融市场瞬息万变的融资机会。

综上所述，企业采用 IPO 直接上市是一项十分复杂的系统工程，不仅耗时耗力，且难度很大。但是，因为相对于其他上市方式，IPO 直接上市投资少，风险低，融资数额大，因此依然是拟上市企业的首选途径。

2. 借壳和买壳上市

目前，我国的互联网文化产业处于高速成长期，相关企业急需资金来发展壮大，而IPO直接上市又存在诸多限制，因此借壳上市成为它们介入证券市场进行融资的一种捷径。

借壳上市，指已上市的互联网文化企业通过注入的方式，从母公司处获得优良性质的资产，从而实现母公司整体上市的目标。买壳上市，指通过直接投资、控股、购买股票和收购债权等手段，使非上市公司取得一家上市公司的所有权和上市地位。通常这类上市公司原来的业绩较差，不具备再融资的能力。非上市公司获得上市公司的控制权后，通常会将原有被收购公司的不良资产剥离，注入自己公司的优质资产，从而实现上市的根本目标。

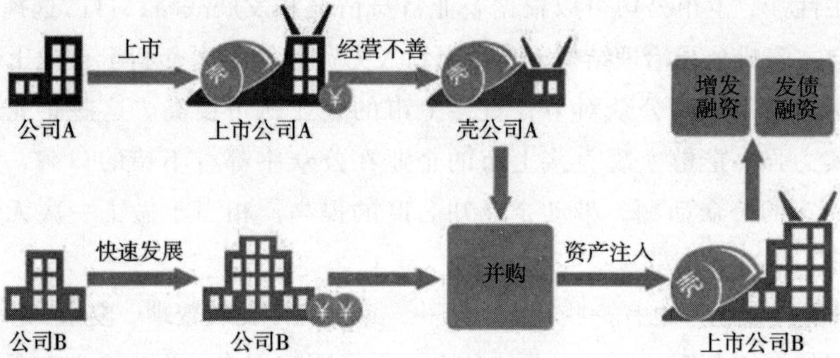

图9-1：借壳上市示意

二者最根本的区别在于，借壳上市的企业通常已经拥有了对上市公司的控制权，而买壳上市的企业还需要首先获得对一家上市公司的控制权，即买壳是借壳的前提，只有先买壳才能借壳。买壳上市和借壳上市，本质上都是一种对上市公司壳资源进行重新配置的活动，其最终目的都是为了实现间接上市。

目前来看，买壳上市和借壳上市是我国互联网文化企业上市的主要方法和途径。在上海和深圳两家证券交易所上市的企业大部分是通过收购上市公司壳资源来实现上市目的。

需要注意的是，买壳上市的风险很大。处理和剥离壳资源的不良资产时，需要相关专业人员如律师和会计师的全力配合来处置负债；安置壳资源所属人员也需要耗费大量的精力和支付大量成本。并且，如果证监会对拟上市公司的业务独立性和关联交易等存有疑问，该公司买壳以后可能数年之内都得不到再融资的批准。此外，与直接上市相比，买壳上市融资规模小且成本高，买壳上市的成功率也低于IPO直接上市。如果买壳上市失败，企业不仅蒙受资金损失，还有可能拖累自己的发展战略和规划。以赛迪传媒为例，2000年10月该公司花费1.6亿元人民币与ST港澳进行资产置换，但是，赛迪借壳上市后受宏观经济形势影响没有取得亮丽的成绩。由此带来的影响是赛迪传媒2004年7月拟增发新股再融资的方案没有在证监会获得通过。

3. 分拆上市

狭义的分拆上市，指已上市的公司将其部分业务或者某个子公司独立出来，另行IPO直接公开招股上市。广义的分拆上市，指已上市的公司或者尚未上市的集团公司将部分业务从母公司独立出来单独上市。一般所说的分拆上市指狭义的分拆上市。

2009年10月，创业板正式在深圳证券交易所设立。创业板的上市要求比深沪两市的主板降低了不少，其中对拟上市企业的股本要求和盈利要求都比主板市场向下浮动了很多，这给广大的互联网文化企业提供了很好的上市机会。灵活的创业板降低了上市门滥，为不具备主办上市条件的企业提供了便利，未来将会有更多的互联网文化企业通过创业板上市进行融资。

（三）不同上市模式的比较

1. 各种模式的主要特点

以上几种企业上市模式中，直接上市能够募集的资金量最大；买壳上市和借壳上市能够在短时间内帮助企业踏足证券市场；分拆上市相对而言风险较小；发行存托凭证是一种特殊的海外上市模式，具有手续简便和节约成本等特点。

2. 不同模式的利弊分析

直接上市模式可以直接向社会大量募集，所募集的资金较多；而且它不需要改变企业内部的管理和经营结构，对企业的主导性强；也不会分化企业的形象且能保持企业的整体性。但是，直接上市模式也有一些不可避免的缺点，如上市费用较高，管理层压力大，并且上市审批的程序严格所花时间较长。

买壳上市拓宽了企业的融资渠道，利于企业的资产结构的优化升级，利于社会资源的合理流动。但是，买壳上市的融资规模较小，成本效益比率下降较快。借壳上市与其他几种方式相比上市时间周期最短，因此有利于保守企业的商业秘密。但是，所借壳公司的不确定性大，未知因素多，容易造成公司在股市上的股价不稳定。

分拆上市有利于激发企业家的经营积极性，可以减轻股票价格的压力。但是，由于企业内部联系复杂，容易导致上市公司和控股股东、其下属企业之间的关联交易和同业竞争问题，母公司占用甚至掏空上市公司资金、母公司关联交易等现象很难避免，整体可能不利于集团整体资源的整合和优化。

3. 境内外上市的比较

国内证券市场上市需要满足以下六方面的条件。第一，发行主体必须是依法设立且合法存续的股份有限公司，企业已持续经营 3 年以上，且发行人近 3 年内主营业务无重大变化。第二，发行人已依法建立健全股东大会、董事会、监事会、独立董事和董事会秘书制度，相关机构及人员能依法履行职责；发行人董事、监事和高级管理人员符合法律、行政法规及规章所规定的任职资格；发行人董事、监事和高级管理人员已了解与股票发行上市有关的法律法规，知悉上市公司及其董事、监事和高级管理人员的法定义务和责任；内部控制制度健全且被有效执行，能够合理保证财务报告的可靠性、生产经营的合法性、营运的效率与效果。第三，拟上市企业应具有完整的业务体系和直接面向市场独立经营的能力；发行人资产应当完整；人员、财务、机构和业务独立。第四，发行人的业务独立于控股股东、实际控制人及其控制的其他企业，与控股股东、实际控制人及其控制的其他企业间不得有同业竞争，募集资金投资项目实施后不会产生同业竞争。第五，与控股股东、实际控制人及其控制的其他企业间不得有显失公平的关联交易；应完整披露关联方关系并按重要性原则恰当披露关联交易；关联交易价格公允，不存在通过关联交易操纵利润的情形。第六，财务方面要求发行人资产质量良好，资产负债结构合理，盈利能力较强，现金流量正常。

与我国股市相比，海外上市的条件相对较为宽松，没有对企业成立时间进行限制，也没用对拟上市企业的盈利没有做出过多要求。由于互联网文化企业在创业初期很难实现盈利，许多企业无法达到国内证券市场对于企业盈利的要求，于是它们选择更看重企业成长性质的海外的资本市场，这是我国互联网文化企业选择海外上市的主要原因之一。

表 9－2　NASDAQ 全球精选市场财务及质量要求

条件	标准 1	标准 2	标准 3	标准 4
税前营业收入	1. 近三年累计超过 1100 万元 2. 近两年每年超过 220 万元 3. 近三年每年不为负			
现金流量		1. 近三年累计超过 2750 万元 2. 近三年每年不为负		
市值		近一年平均市值超过 5.5 亿元	近一年平均市值超过 8.5 亿元	1.6 亿元
收入		上年度收入超过 1.1 亿元	上年度收入超过 9000 万元	
总资产				8000 万元
股东权益				5500 万元
股价	4 美元	4 美元	4 美元	4 美元
做市商数	3 或 4	3 或 4	3 或 4	3 或 4

数据来源：纳斯达克交易所网站。

注：四个标准满足其一即可上市。

三、案例分析

本部分对一些著名企业的上市案例进行了详细分析。其中，阿里巴巴、联网网络和优酷是海外上市企业的代表；远东股份、人民网和中青宝是境内上市的代表。

（一）海外上市的经典案例

1. 阿里巴巴

2014 年 5 月 6 日，阿里巴巴在美国提交 IPO 申请，同年 9 月 9 日于纽交所正式进行 IPO，成为美国历史上最大的 IPO 之一。纽交所并不是阿里巴巴上市的首选，赴美之前阿里巴巴曾与港交所接触，但由于港交所的同股同权原则与阿里巴巴的合伙人方案有冲突，阿里巴巴只好放弃香港市场。

而阿里巴巴没有选择中国股市的原因则是无法达到A股的上市标准。阿里巴巴由于创业初期的资金大部分来源于国外投资者，造成外资参股比例较高，注册地也在境外，其“外资”身份使得阿里巴巴只能远赴重洋。

2. 中华网

1999年7月，中华网以每股5美元的价格在美国纳斯达克上市，股票发行总量为1932万股，共筹集到8560万美元。同年12月13日，中华网进行二比一的股票合并，使其每股股票面值翻了一番。

2000年1月，中华网以每股42.5美元的价格在纳斯达克市场进行增发，这次发行了9952884股。借助此次增发，原始投资者获得了9410万美元的收入，中华网所有者累计获得超过3亿美元的发行收入。

2000年3月，中华网将其圈子子公司hongkong.com在香港创业板GEM分拆上市，共售出18%的股权，筹集到资金1.685亿美元。

3. 优酷

2010年12月8日，中国在线视频公司优酷网登陆纽交所公开发行上市，融资总额高达2.33亿美元。上市首日，优酷IPO的涨幅高达161%，成为为数不多的上市后股价高于发行价的企业。优酷利用充裕的资金升级设备、提升宽带和丰富内容，吸引了更多的用户，大幅增加了收入。在此基础上，优酷进行了二次增发，累计融资额达到6亿多美元。

（二）国内上市的经典案例

1. 远东股份

远东股份的原主营业务为服装生产加工，因连续三年亏损，公司股票自2009年3月24日起被实施暂停上市。2012年6月，远东股份收购艾特凡斯51%的股权后，持续经营能力和稳定盈利能力得到增强，于2013年2月8日恢复上市。为增强核心竞争力、抗风险能力和综合实力，远东股份在文化领域积极寻求其他优质文化类资产进行收购重组，进一步提升公司的可持续发展能力。2014年8月16日，远东股份发布公告称向17名自然人发行股份，购买其合计持有的华夏视觉、汉华易美100%股权，总价值约为24.9亿元。这意味着首家互联网文化创意企业成功借壳上市。

此次重组的实质是远东股份通过收购华夏视觉、汉华易美股权，转型为一家专业从事视觉素材销售，并提供相关增值服务的上市公司。远东股份的收购将大幅提升上市公司在文化领域的竞争力，从而使其盈利能力和持续经营能力进一步增强。华夏视觉和汉华易美通过借壳上市进入资本市场，能够利用上市之后的品牌宣传效应，进一步提高营收和市场份额，同时为东方IC、全景网等同行打开通往资本的大门。

2. 人民网

人民网成立于2005年2月6日，并于2010年7月21日更名为人民网股份有限公司。人民网股份有限公司由人民日报社、环球时报社、京华时报社、中国汽车报社、中国出版集团公司、中国电影集团公司、上海东方传媒集团有限公司联合发起创立，主要建设运行大型综合性网站——人民网及相关业务。人民搜索则是人民网推出的以新闻为主的搜索引擎，由人民日报社和人民网合资组建的人民搜索网络股份公司负责运营。

2012年4月27日，人民网在上海证券交易所上市交易，发行完成后总股本为2.76亿股，其中A股市场公开发行6910.57万股。其网下向配售对象配售的1380万股股份自本次网上资金申购发行的股票在上海证券交易所上市交易之日起锁定3个月。于发行中网上资金申购发行的5530.5万股股份无流通限制和锁定安排，自2012年4月27日起上市交易。

人民网此次A股公开发行共发行6910.57万股，发行价格为20元/股，共募集资金总额13.82亿元。本次发行承销及保荐费用3617万元，其他发行费用547万元，净募资额为13.4亿元，本次发行后每股净资产为7.22元，全面摊薄后每股基本收益为0.43元。

3. 中青宝

中青宝成立于2003年，是一家具有自主研发、运营能力、代理能力的专业化网络游戏公司。2008年，公司正式更名为“深圳市中青宝网网络科技股份有限公司”并完成股份制改造。

2010年2月11日，中青宝强势登陆深圳证券交易所创业板，股票简称“中青宝”，成为首家国内创业板上市的网游公司，开创了网游公司本土上市的先河。2010年6月30日，国内首家创业板上市网游公司中青宝网宣布正式更名为“深圳中青宝互动网络股份有限公司”。中青宝以全新的姿态、跨越式的发展速度，通过打造“数字娱乐基地”实现“从游戏到虚拟社会”的产业发展，从而缔造成庞大的网络游戏娱乐帝国。

四、未来上市路径的研究

近年来互联网文化企业呈现快速发展的趋势，越来越多的企业选择上市以谋取更长久的发展。上市对于它们的可持续发展具有非常重要的意义，虽然目前出台了许多相关政策来支持我国互联网文化企业上市，但是在上市的过程中仍面临诸多问题，需要综合考虑多种因素选择上市的最佳路径。

（一）上市的重要性与可行性分析

为了得到长期的发展，新兴的互联网文化企业纷纷选择了上市。虽然上市有利于增加企业的营业收入，但是在发展过程中仍然存在一些问题。

1. 企业上市的重要性

我国的互联网文化企业大都存在产权不明确、经营目标相矛盾和资源分配不合理等经济体制特征，上市能够推动这些企业进行改制。上市后，企业将享有较大的自主经营权，这样可以充分考虑自身的利益，以更合理地分配资源。广大公众将对上市后的企业进行监督，这样有利于它们提高自身的责任意识及加大经营管理规范的力度。

资金往往是限制企业发展较大的障碍。互联网文化企业上市将有助于其较快地拓宽融资渠道，有助于它们实现规模化，有助于它们提高企业核心竞争力。因此，上市对互联网文化企业的发展具有重大意义，能够促进文化企业做强做大。

2. 企业上市的可行性

中共十七届六中全会通过了《中共中央关于深化文化体制改革，推动社会主义文化大发展大繁荣若干问题的决定》。中国证监会贯彻该决定的精神，支持符合条件的互联网文化企业上市，对于相关企业上市没有作出特别的限制性规定，企业上市审批手续简便，只需要经国务院主管部门审批后再上报证监会审批即可上市。

（二）未来上市路径的选择

1. 上市时间的选择

证监会规定，股份有限公司需成立满 3 年才可以进行 IPO 申请，且审核时间较长。如果选择借壳或买壳上市，则不需要受时间的限制。

2. 上市地点的选择

海外市场相对上市条件较低，尤其是美国市场，因其具备风险控制能力故而放宽了对企业上市的要求。但是，海外市场的上市风险较大，由于海外投资对国外上市公司不熟悉，可能造成股价走低甚至有退市的危机。随着国内证券市场的不断完善，相信未来会有越来越多的互联网文化企业选择在本土上市。

3. 上市模式的选择

对于借壳或买壳上市，一定要慎重抉择。虽然成本低廉、手续简便，但是对壳公司的要求比较高，一旦选择不慎，壳很可能拖垮注资公司。2007 年以前，大部分互联网文化企业都选择了分拆上市，但是随着市场竞争的不断加剧，企业只有永远完整产业链才能在竞争中处于优势地位，未来整体上市将成为大趋势。

张小溪

澳大利亚西悉尼大学经济学博士

中国社会科学院经济研究所助理研究员

第十章 互联网文化企业发展的对策建议

互联网正在深刻地改变传统文化市场从创作到生产、传播、消费等的各个环节，一种全新的文化生态和前所未有的广阔市场正在孕育中，它深入全社会各个层面，引起整个社会由生产到生活方式各个领域深刻的变化。以数字化、网络化、多媒体化、移动化为代表的当代信息革命，不仅为市场带来了崭新的经济形态，也带来了崭新的文化形态。

一、形成适应互联网时代的文化市场环境

（一）努力创造自由开放的文化市场环境

互联网的这样一种时代氛围下，每一个个体都注定成为文化个体，每一种社会都注定成为文化社会，因为文化的繁荣复兴是我们应共同承担的责任，而文化的创新再生需要宽松良好的社会环境。

于是逐流于时代浪潮中的我们产生了疑问——什么样的文化市场环境才是理想的？如果说互联网时代是一场全球范围内影响人类所有层面的深刻变革，这为我们文化市场的发展带来了怎样的机遇和挑战？我们先来聆听美国著名传媒学家罗伯特·劳伦斯·库恩的一段话，与许多国家不同，美国政府没有设立文化部来专管文化产业，原因是美国信奉市场规律和市场竞争对文化产业所起到的调控功能。

虽然不同地区由于各自的特殊性管理行为不同，可是在互联网时代文化市场的发展首要前提都是“自由”与“开放”。这不仅仅是企业发展的要求，行业壮大的要求，也是时代的要求。文化领域内的产业共同具有的特点，是从业人员享有并理应具备表达与创作上的高度自由，因为想象力和表现能力

最大限度的发挥才能创造价值。文化产业与石油、汽车等其他关系国计民生的产业没有区别，它同样要求一个自由开放的市场，为互联网文化企业的经济活动及个体文化创新提供充分竞争、自由公平的舞台，同时为受众提供更多样化的选择。

美国的互联网文化企业每年创造超过万亿美元的经济价值，占 GDP 总量的 10% 以上，提供超过 1700 万个就业岗位。作为文化产业头号强国，它们提出的口号是："资本的时代已经过去，文化创意的时代已经来临。"文化繁荣的核心要义是开放和自由，这份"自由"不仅仅体现在开放国际交流的门槛，让更完善的先进文化产业模式感染和促进国内尚且僵化的市场格局，也体现在内部行业生态的培育规则中。

变革的过程总伴随着阵痛，不能因为一时的局促而质疑自由与开放的必要性。我们在文化发展的过程中常常过于强调三自：自觉、自信、自强，事实上，当今市场的问题并不在于"文化自卑"现象，更重要的是另外一"自"——文化创造的自由，因为"创作少自由，文化无繁荣"。当我们无法改变时代进程的方向，当我们无法改变市场大环境的时候，适应它的蓬勃开放，才是我们共同的责任。

（二）政府职能的自觉调整与重新定位

政府的调控与自由开放的市场环境并不违背，相反，唯有恰当的管理机制辅佐，才能诞生真正创作自由、公平竞争的文化市场环境，这需要政府职能适时地转变，及时自觉地调整和重新定位。我国互联网的文化市场无论从结构上，抑或管理机制上都尚未成熟，违规违法的经营现象时有出现，这不但违背了常规的市场秩序，也损害了消费者的合法权益。

事实上，美国虽然没有设立专门监管文化产业的部门，但是，其政府也通过立法、立规、设立优惠政策等方式对互联网文化企业、信息文化创意项目进行扶植和推广，以鼓励文化产业的发展。这些资助项目通常是由政府机构补助一半，协会、工会或文化团体筹备另一半，采取联合治理的方式。我国目前尚不具备发展行业协会、工会体系的条件，调控市场的职能主要由政府机构实施。

与传统文化市场相比，互联网时代的文化市场往往由于网络的虚拟性、技术性、地域性而存在如下漏洞：一是网络违规现象的危害极易扩散，蔓延迅速、涉及面广；二是区域间的划分被彻底淡化，地域限制被冲破；三是违规的动机形成多元化、复杂化；四是网络文化违规的经营者往往具备高文化素质或高技术水平，对于国家现有的法律法规研究透彻，常利用自身所知打制度的“擦边球”。解决网络文化市场的调控，需要政府做出如下调整。

首先，理念的转变。作为国家行政管理部门，无论是在执法还是立法过程中，都应以促进行业进步为首要目的。以往，我国的网络文化市场管理者与被管理对象双方一直处于被动追逐的状态，被管理的企业时刻观察管理者的动态，导致执法力度加力时，管理效果才好；一旦力度稍有松懈，垃圾文化和违规现象便卷土重来。面对形势，政府应该“变堵为疏”，协助经营人员寻求健康的发展模式。设立法规的出发点不是划定互联网文化企业不能碰触的禁区，而是和市场参与者一起探寻文化市场的发展方向。

其次，执政方式的调整。一方面提升文化经营者的法律意识，引导经济利益和社会效益两方面的平衡，促进企业去自觉守法，谋求健康而长久的经营发展方式；另一方面，从网络文化消费者角度出发，截断不良文化产品的根源，帮助消费者梳理正确的网络文化消费意识，鼓励全社会、全网民都投身到这一市场的监督中，简化监督的过程，降低监督的成本，提升监督的奖励。

最后，适时充当扶植的角色。这是拉近我国网络文化市场技术、理念与国际接轨的好方法，由政府设立专项基金和机构对互联网文化经营者进行人力和物力上的支持。除此之外，正面宣传文化市场涌现出的优秀案例及典型个体，协助他们的经验总结，以交流会等方式加以推广，让彼此成为对方的镜子。这便是政府在网络文化市场监管环节中的对症下药和有的放矢。

二、高度重视内容企业品牌的培育

（一）我国互联网文化产品内容存在的主要问题

文化的国际地位在日益上升，文化产品所独有的价值衍生性、环保节能性、娱乐持续性等特征，使得它们之间的竞争呈现出日益激烈的态势，它集中代表了现代社会经济、文化发展状况，是文化产业竞争的核心。互联网文化产品包括文化商品和文化服务，前者在版权保护下，能够通过工业手段大量生产并在互联网广泛传播，例如软件、多媒体产品、工艺设计等；后者通常指能够满足文化需求、无实体商品的有偿或免费服务。当前我国互联网文化产品在内容上存在以下问题。

第一，产品的创作主体受思想意识形态的困扰。表现为在互联网大时代背景下，受市场经济趋势的影响，对文化产品创作生产方向上产生模糊和质疑，文化本质中的公益性和它衍生出的市场化、产品化发生意识形态上的错乱混淆，于是生产变为了一个矛盾的过程，在既想保存文化特性又想保存产品价值的意识驱使下，产生出“四不像”的文化产品。

第二，产品过于物质化，缺乏实质的创意价值。随着互联网企业和文化项目如雨后春笋般涌现，我国的互联网文化产品存在严重的物质化倾向，各产品制造方热衷于大项目、大资本、大工程型产品铺盖，而相对忽略了文化产业实质上的创意经济，其产品性质与其说是物质品，更偏向于精神产品，创意能力才是其核心价值。我国的互联网文化产品一直缺乏自主品牌和创意，那些依托廉价劳动力和资本入侵而获得的效益不但偏离了文化产品的核心价值，长远看也无法在互联网大趋势下立足。

第三，产品内容重复性高，同质化竞争成普遍现象。一旦有新的产品类型进入市场，盲目发展、资源浪费便会紧随其后，这种产品集群化趋势已经日益明显。这样的重复建设不仅仅是对市场资源的浪费，也会导致企业效益的缺失和业态的不平衡，在数据叠加后导致了一些产业虚胖的现象。同质化竞争导致的资源不平等，让即使优秀的文化产品也难以形成产业链，其产品附加值也难以获得有效挖掘，这实际体现出市场拓展能力的受限。

（二）提升文化产品品质是增强我国互联网文化企业竞争力的关键

文化产品品质的提升越来越受到重视，因为文化产业和企业竞争力的发展最终都要落实到产品上。对于文化产品的生产加以引导意义非常重大，当今竞争日趋激烈，各企业之间在产品设计、生产、营销手段的差距越来越小，替代品的层出不穷让那些单纯依靠成本、质量、人海战术等基本功能建立起来的竞争力不堪一击。因此，要引导其成为不易被对手模仿并具有市场竞争力的高品质产品。

推进产品的技术创新，培育自主知识产权。互联网文化企业要了解立足自主创新的重要性，自主创新是对有效资源而不是重复资源的挖掘，它体现在企业的自主知识产权和核心技术开发的能力上。产品的品质依靠高新技术创新，在现有的市场条件下培育新兴文化产品和文化业态，让文化传播和经济效益踏着时代前行的步伐相融，拥有传输快、覆盖广、转换率高的文化传播体系。一个竞争优势前景良好的文化企业，对原创性、先进技术和自主知识产权的追求是自发性的。当然，这也需要市场调控部门加强对知识产权的保护，珍惜并鼓励原创的文化产品，以增强互联网文化企业的核心竞争力。

文化产品品质的提升也需要企业整合各类资源，拓宽融资渠道。文化产品的制造涉及多个领域，没有任何一个企业可以孤立于产业链去发展，闭门造车的形式不适用于当今变化万千的互联网。对社会各种资源的充分整合是产品品质提升的血液与动力。这其中既包括经济资源，也包括文化资源，企业要积极去探索适合文化产业投融资体系，吸引更多元化、社会化的资本注入。

在我国的文化领域，隐性文化和显性文化的内涵都相当丰富，但是行业内普遍对文化竞争和文化个性的重要性了解不足，导致文化资源没有被充分开发，这是对资源转化的制约。所谓的文化“个性”，应该建立在对世界文化、历史文化、互联网文化和企业特色清醒认识的基础上，让产品发挥创意和生命力，引起市场的共鸣，对消费者产生难以割舍的吸引力，只有这样才算充分地整合了产业资源和产业资本。

“人”才是文化产业的核心竞争力，这里的“人”专指既懂经济又精通文化产业特点的高素质复合型人才。优质的文化产品需要高层次的团队来打造和维持，因此提升产品品质另一重要环节，是企业要加强专业人才队伍的建设。企业对人才培养必须制定合理的计划，尤其重视对产品打造领军人物和各类高层次专业人才的系统培养。除了领军型人才，还应该支持和鼓励不同风格、流派的人才齐头并进，合理地进行人才资源配置。

如今，文化产品内容、形式日益趋同，解决同质化的重要方式是引导生产走向差异化道路。每一个文化产品的生产者对消费者需求的认知都不同，对产品的研发、制造、管理能力也不同，只有创作者能让文化产品独具个性，这也使得它具备了难以复制的文化竞争力。

企业需要建立一个长远考虑产品竞争力的视角，用产品的文化底蕴打动消费者，建立稳定的消费群体，并通过对市场灵敏地把握吸引更多新的消费者。然而，建立特色文化内涵的品牌是一个长期而艰巨的任务，文化产品的生产必须以目标市场消费者的利益来定位。当消费者通过产品感受到其中所特有的文化关怀，这才是产品自身灵魂和魅力实现的时刻，它会最终形成具有市场竞争力的文化企业。

三、大力提高互联网文化企业创新能力

（一）技术创新能力

要使互联网文化企业具有相当的竞争优势，标新立异是这个时代所提出的要求，其中“新”侧重的是一种创新，是新概念、新模式以及新思路。技术要素是引导企业创新能力的诱致型因素，文化和技术的交融会创造出更多元的条件与机会。文化企业的竞争力很大程度上取决于其技术创新能力的高低，它既表现为某一类技术的应合关系，也表现在文化生产产业的各个节点，作为细节也作为整体。

技术创新能力的要素包括技术实力和技术政策两类。前者主要指技术人员、技术资本、设备组成、技术成果及其影响力等内容，它可以实现互联网企业对新领域产业的开发，以及对原有产品链的分化整合、更新换代。理解技术，要将它视为非孤立的支撑条件。而技术政策则主要指该企业会如何运用它的技术实力，不同的技术政策体现出不同的技术选择，它也决定了一项技术实力在创新初期阶段是否会得到相应的支持，在后续生产运营阶段是否会得到有效的推广，从而影响到这一企业核心技术的开发。

企业要具有生命力，只有占领市场上足够的外延空间，才能被消费者牢牢地铭记和喜欢。作为文化产品的制造方，发挥创新意识，提升创新能力，表现为用独特的视角抓住文化产品的特质，通过深度挖掘和开发，将其内涵进行颠覆性的再创造。当企业产生出发散性的影响力，便可以稳稳地立足市场，获得竞争优势。与发达国家相比，我国互联网文化企业开发技术创新依然不够活跃，多数企业尚未真正成为研发创新的主体，大多数企业没有成立相应量级的研发机构，导致内在动力不足，缺乏核心技术和标准，只能依靠低成本、低价格的优势参与国内与国际竞争，在很多环节被动地停滞于低附加值、低创新力的微利生产制造。

互联网在移动端的竞争已经进入“技术型”创新阶段，功能的创新和产品技术含量已经成为互联网文化企业致胜的关键。提升企业的技术研发能力，需要从战略、体制、人才等多角度入手，灵敏地从市场需求变化中产生创新的灵感，以创造和拥有自主技术知识产权为战略导向。当今的企业技术竞争已经转化为产业链之争，从基础研究、技术标准、产权环节等方面入手，只有提升从产业设计、生产制造，到系统集成、市场营销等链条上各个环节的能力，才能增强全产业链的竞争优势。应该鼓励企业与大学、科研机构或其他组织合作，以企业发展需求和各方共同利益为根基，在签订具有法律约束力同盟契约的前提下，形成联合开发、优势互补、资源共享、风险同担的技术创新合作团队，提升产业技术的创新能力。

（二）内容原创能力

我国文化承载着五千年岁月的文明积淀，丰富的文化宝库值得后世深入挖掘。虽然文化资源丰厚，但是思想观念上一直趋于保守，我们的价值体系中埋藏着求稳、求安的心态，而安于现状的意识本身与创新意识是冲突的。

原创能力指企业发挥独创性、开创性和创造性的能力，“原”和“创”的双重意义体现在，原是指首创之原生态，它需要知识、经验和技能的长时间积累；创是指创新、创造或创作，重在突破，是一个纳新的过程，两者缺一不可。

内容原创具体可以表现为以下特征：①现实性和应用性；②批判性和超越性；③知识性和深刻性；④审美性和美德性；⑤意义性和价值性；⑥本源性和质真性。文化创意产业也被称为内容产业，它往往从情感、体验、价值观的表达诉求出发，经过资本的运作和人力创意的加工，再经过媒体和分销渠道的演变，最终形成文化消费。互联网文化企业作为内部成员，其生产内容的个性化和原创性是至关重要的。这样一个创新的过程，意味着原创生产不能重复进行，这类文化内容生产的性质，称为“首次有效性”。它从内容到模式运行都强调创造性，而不是简单的复制生产和重复开发，造成文化市场的同质状态。

文化企业的内容创造分为两个阶段：文化产品的创造和脑外的物化。在创造过程中呈现出精神转换为物质，物质还原为精神的循环往复的机制。对于文化产品而言，超级巨星与普通生产者之间的差异有目共睹，原创力是知名度、美誉度和诚信度的有机统一体，对于缺乏辨识度的普通商品，消费者无法记忆其品牌，只在意眼前它是否可以实现产品功效。高质量的原创内容可以更好地提升用户体验，文化的生命在于原创力，它是文化生存和发展的本动力。

原创性成为了市场化的文化产业不断获得生命力的核心要素。关注内容的高度创新和自身品质的提高，追求内容原创能力，已经成为当今引导文化企业生存的关键所在。企业内的原创内容创新，并不是指脱离现实的虚构或天马行空的玄想，而是在能力和现实的基础上，独到地发现或表达既有的现实经验，并且其成果是真实、实用且符合美学原则的。原创力真正受到市场的广泛重视和大量投入，是在互联网时代信息技术和知识经济的背景下，在信息的平台上，海量的知识和信息在大面积流通，经过市场和教育普及的大量劳动者掌握创意的资源和技巧。随着社会对文化创意型产品的大量需求，原创力成为重要的资源，如今鼓励企业自主内容创新，打造民族产业品牌，已经被提升到了国家战略层面上。随着国际网际间的竞争日益加剧，我们越来越认识到，争创民族品牌迫在眉睫，而建立品牌最重要的资源就是差异化的原创内容。

差异化的内容原创生存路线，使文化内容制造形成所无法复制实现的文化竞争力，同时还要提升企业文化的品牌力，除了创新，还要在知名度、美誉度下功夫。内容的原创既要源于生活，又要贴近现实。文化企业的创造并不是要一味地追求繁华、大气，使得其状态变得虚假而空洞。靠近群众欣赏力的产业，应该是趋于平民化的内容，不断接近现实，从他人想到的角度展现世界，给人以切实的服务，或给人以深刻而真实的内容启迪，与时俱进，面向世界，博采众长。

（三）商业模式创新

企业创新能力的体现是一个由产品到服务到体验的组合过程，需要将各种要素整合形成完整的系统，由不同部门、不同行业、不同领域综合创造实现。以前，中国的文化产业几乎不明晰“产业”这一概念，随着时代的进步，文化影响力的施加在层次和深度上与以往已经不可同日而语。区域文化合作的加强，多边交流的频繁和多元化平台的轮番呈现，文化企业的运作已经可以借力于多层次、多渠道的模式创新。通过融合式的交流平台，以全新形式进行不间断、多角度传播已经成为现实。

互联网文化企业的商业模式有三个层次，第一层级为以产品为中心，第二层级为以平台为中心，第三层级为以社区为中心。在第三层级中，社群商业的出现包括内容与社群和商业的结合，内容是产品流量的入口，社群是关系属性，商业是用来将流量变现的交易属性。由好的产品或内容聚合的用户，通过社群的沉淀作用，实现了参与式的互动，衍生的共同价值观和兴趣形成了社群，留存后便是深度连接的用户，用交易来满足需求是水到渠成，这样一种商业模式的根本价值是实现社群中不同消费者不同层次价值的满足。

社群商业模式是互联网时代一种具有增量思维的微生态。在这种模式的作用下，企业的内容原创力如同一道锐利的刀锋，它能沉淀用户，衍生盈利点。未来的商业是基于人而并非基于产品，是基于社群而并非基于厂商，商业模式的创新才刚刚开始。

创新能力还体现在充分利用媒体的引导作用，媒体的影响可以让文化产生跨越种族与时空的力量。文化产品的生产与流通需要媒体为其宣传推广，如何架构传播渠道一直是许多互联网文化企业从业者所遇到的难题。广义的传播渠道几乎包括了信息流通的所有方式，从纸媒体到大众媒体再到新媒体。狭义的传播渠道则具体到了立体形象化的途径，例如人与人之间的人际传播，上下级的上行下效传达，集会式的宣传销售模式等。传统媒体的优势依然存在，可它已经被网络的影响力改变，随着大众对网络的依赖，新媒体传播将会在今后的传播渠道中占据更大的份额。

想要实现短时间内快速传达的目的，形成轰动效应进而辐射全国，设计别出心裁的产品，通过巨星或意见领袖施加影响，以话题带动人气，以传播炒动感染力，虽然不会是最终获得持久生命力的办法，但的确是新媒体时代获取“视线”的有效途径。在这个用户为王的时代，给消费者留下印象本身已经是一种成功，因此对文化企业进行一个有效的舆论引导很有必要。

四、健全互联网文化企业人才培养和引进机制

（一）建立人才培养机制

人才是文化经营最为关键的因素之一，当前我国互联网文化制造方面的

人才相对缺乏，具体到创意转换为产业的综合型人才更是凤毛麟角，人才的缺乏在相当程度上制约了互联网企业的生产质量。新经济时代的互联网对物质资源的依赖在减弱，对文化创造力的需求更为迫切。从高校或培养机构的人才培养计划来看，我国互联网人才的培养在专业结构设置上有待优化。教育机构的人才培养机制，与产业发展的需求存在较大的差异。从互联网企业的人力资源管理来看，当一个企业缺乏完善人力资源开发的战略，它在用人机制与激励机制上存在的差异，会导致即使岗位进一步培训，其效果也会被明显弱化，继而造成人才的浪费和流失。

重视对文化生产主体内创新性人才的培养，强化国内教育对文化内容制造的功能性引导。对互联网文化产业人才的教育培养主要可从三个方面入手。

首先，联合高校相关专业进行全方位的培养，通过对教学环节尤其是实践环节的安排，开拓专业技能及创新性思维。高校在培养互联网文化产业人才时，要贴合产业发展的需求，整合多学科教学资源，进行跨学科教育，同时加强复合型交叉应用人才的培养。而“校企合作”的办学模式也是有效的方法，由学校牵头，政府扶植，行业协会参与，互联网文化企业加盟，共同成立理事会组织，联合培养互联网文化领域人才，定期就培养方案、教学实施召开会议，对人才需求量较大的企业采取订单式培养，课程计划由企业和学校共同制定，并且由企业内技术骨干担任核心专业课程的实训指导。

其次，鼓励互联网文化企业加大对员工的在职培训。用人单位应该建立完善的职工培养机制，有计划地对职工进行职业技术培训和继续教育培养。这样的培养机制，讲究“收”与“放”的结合，统一培训和导师带教协同作用，统一培训除了必要的专业性、知识性内容外，更重要的是培养人才的自我学习与提升的意识；导师带教，是指利用企业中能力较强、经验丰富的现有人才储备，通过不定期的组织交流、座谈等活动，促进企业内部沟通及经验分享。

最后，国家应该加大对互联网文化型人才培训的投入，将该领域内的高层次人才纳入政府人才培训的计划中予以补贴，重视对互联网专门人才的培养。由于互联网行业的历史并不悠久，尤其是互联网文化企业还列于新兴行业中，它们的针对性人才培训需要较长时间和较大资金的投入，如果能以政府牵头组织一些专门的机构，无疑将很大程度上解决行业内的人才瓶颈。并且，现阶段的互联网文化产业缺乏统一的人才评估体系，导致行业内的从业人员没有相应的从业资格认证，也没有统一的职称来评审这类人才的质量。通过对国际网络人才协会的借鉴，探索建立互联网文化产业人才评价机制，由第三方非营利组织介入，联合互联网文化企业来共同制定人才标准认证，当属互联网人才管理的首要任务。互联网文化企业以知识技术密集为特点，高素质的技术、管理人才，是推动整个行业持续、快速、健康发展的关键所在。

（二）建立人才激励机制

一个企业能留住人才，靠的是创新性人才激励机制，让具备文化创新能力的人才安心创作，善于发现人才也要善于利用人才。面对全球一体化高度整合、竞争激烈的时代，人才成为互联网文化企业竞争的焦点。

激励机制也称为驱动机制，企业对后备人才要针对其在培养过程中的表现予以认定，并配套相应的激励机制。激励，即激发鼓励，它指通过具体手段激发人的动机、诱导人的行为，并使人发挥出内在无限的潜能。行业内的激励机制通常包括薪资激励与福利激励两类，前者指通过对人才工薪体系的合理设计，对薪资、奖金、津贴的设置来达到激励人才的目的。福利激励中，广义的理解一是法定福利，包括基本的医疗、养老保险等；二是单位福利，包括交通补贴、通信补贴、教育补贴等。

高工资只是锁住人才一时，想要长久地留住人才，必须将保障性薪酬的利益激励机制与风险性薪酬的风险控制机制有机结合，实现短期激励与长期激励相呼应，以风险薪酬为首，将激励效果最大化。做好人才激励工作的基础，首先要以科学的方法完成企业内部岗位规划和分析工作，以确保对不同专业领域的人才进行公平、公正的评估。绩效评估标准要尽量客观地涵盖全部工作，特别是对临时性的跨部门合作性项目，同样要纳入评估的范围。并且根据市场的变化盘活企业文化，适当推出人才激励举措，例如允许有特殊才能的人参与到企业盈利的分红中，让利润和其创造的价值成正比，让企业充满活力和生命力。

多支付的报酬不一定带来更多价值。美国著名的管理学家赫茨伯格曾指出，金钱只能起到保险作用，其功能只在于防止人才因待遇问题产生不满，并不能对激励人才起到很好的帮助。当今的人才激励机制还包括非物质激励，例如工作激励、职工发展、荣誉激励、参与激励、企业文化激励等。只有与工作有关的激励，才是激励机制的王道。优秀的人才除了物质需求外，还要追求个人事业的发展。要为人才提供明确的职业发展方向与规划，让他们在工作中最大限度地发挥自己的潜能，从而获得最大的满足。激励机制的作用发挥，离不开企业的文化定位，企业文化是企业灵魂所在，能对人才产生长久的约束力和激励作用。

政府则要积极打造文化产业基地，加强文化产业园区建设，与高校和企业联合推进成立真正与市场接轨的基地。该类基地可以在政策上享受一定的优惠，开办独立的高等研究机构，建设文化工作站，培养人才、激励人才，对于具有创意和突出贡献的企业及个体，都给予相应的奖励以示鼓励。

（三）建立人才引进蓝色通道

进入互联网知识经济时代，国际高端人才的流动变得更加快速而便捷，面对这种新型人才的大量短缺，以美国、日本、新加坡为代表的新工业化国家纷纷展开了对海外高层次人才引进的争夺。我国虽然人口总量大、人力资源丰富，但是其中的高端人才数量远远无法满足互联网文化企业的需求，因此，必须建立人才引进蓝色通道，加入这场没有硝烟却很激烈的海外高层次人才竞争中。

当代中国籍人才的移民以北美、欧洲等发达国家作为首选，在亚洲范围内则以日本、新加坡为主要移居国。吸引高层次海外创新人才回国为国服务是我国政府近年来极力推进的战略决策。在这场人才之争中，美国无疑是最大的赢家，据调查，60%以上的互联网顶尖人才都在美国企业就职，美国还通过从政府到高校、企业所形成的一整套措施体系吸引了全球超过一半的技术移民。他们不仅从意识形态上大力宣传“自由民主”和“科学家无祖国”的思想观念，还通过“杰出人才”等绿卡授予制度，放宽针对某些科技敏感领域的人才吸纳。美国的众多互联网文化跨国企业，常在政府的扶植下在海外成立研发机构，对核心人才执行特岗特薪的激励机制。行业内将跨国公司在他国，尤其是发展中国家，设计研发机构的行为称作“人才收割”。

海外人才的引进需要立足于实际情况。人才引进战略要以国情作为基础，与本国的历史文化、发展阶段等相关因素联系，随着时代的脚步不断调整策略。

开放人才通道，首先需要发挥政策工具的作用，揽才的动力、控制人才流失的阻力、缓和社会的压力，制定国家层面的海外人才引进法，为蓝色通道提供一个长期的基本原则和完整的政策架构，并完善绿卡、签证以及入籍制度。例如以印度为代表的国家之所以承认双重国籍，其最主要目的就是留住高端人才。

其次，要采取多元化的人才引进机制，可以参考美国成立专业跨国猎头机构，或者通过高校合作吸纳优秀的海外留学生。当前国际猎头公司的收费昂贵，绝大多数国内互联网企业难以承担，而收费较符合国情的本土猎头公司尚不具备跨国招聘的专业能力，政府可适当开放高尖领域猎头行业的市场份额，从国家层面进行扶植，加大本土猎头公司国际化的进程，从而形成行业猎头与国家猎头有机结合的跨国高层次人才招募机制。

同时，借鉴新加坡组建的专业人才服务网络，通过举办本国特色活动吸引海外科技人才回流。探索海外人才来华事务集中管理的新模式，让立法和管理协调统一，力求为这类人才在我国互联网文化领域的工作和创业提供一站式的全方位服务。我国政府也可以尝试与国际专业的咨询公司合作，加深对国外互联网文化和市场各方面的了解，有针对性地为海外招聘保驾护航。

五、加大对数字版权的保护力度

（一）加强立法的同时，也要加强对有关法律法规的修订与完善

管理部门必须以保护知识产权为出发点，以建构科学的互联网文化市场运行机制和管理机制为核心，为互联网创造公平竞争的经营环境。法律、法规的健全对互联网文化市场有着重要作用。当前，我国的互联网文化市场尚未有针对性的法律体系成型，这很大程度上阻碍了互联网文化企业的发展。文化产业的健康持续发展，需要相关法制化的加强建设，政府应该确保互联网文化企业在规范法制的保护下健康发展，唯有这样一个有法可依的环境，才能更好地服务于企业的运转，保护网络文化产品的合法权益，避免影响文化内容制造者的创业积极性，同时这也是对消费者文化消费售后的保障。

法律法规的政策支持将以其特有的影响力，很大程度地鼓舞和扶植互联网文化企业的生产活动，有助于企业减少初创期的风险，让成长加速运转。

既为文化内容的制造界定了合法范围，又为其提供了优惠的政策和法律法规的保障。我国现行的相关法律法规仅仅围绕一些管理办法或部门规章，已经难以适应网络文化发展环境下版权保护的需要。提升规范的效力位阶，加强对有关法律法规的修订与完善迫在眉睫，对《著作权法》时代性的修改，对《信息网络传播权保护条例》、《互联网著作权行政保护办法》等的修订，细化“数字出版”、“数字发行”的概念，界定行业数字出版作品的合理使用权限等，当前的法律法规虽然明确了信息原创者的维权策略和产品经营者的责任限制等，但是对数字化复制、侵权等实际问题并未提供具体的规范。

当现存法律不足以调整文化市场领域内各种复杂关系之时，政策和法律应同时作为规范存在，互为补充和配合。在不违背法律基本原则的前提下，互联网文化市场的政策法规应用要适当变通，以充分考虑新媒体的多变性。目前文化领域的各种政策，都是法律和法规在实施过程中的参考。

（二）加强行业自律，提高版权保护意识

随着互联网文化产业和经济全球化的急速发展，我国互联网文化领域知识产权保护意识薄弱的现象日益明显。当前国内的网络文化市场普遍存在着关于知识产权的纠纷，因为对于一个互联网文化企业而言，经过对专利的调试和商标的注册需要半年到一年的时间，但是当该企业经过这项环节最终获得相关知识产权的认可时，市场上早已混杂着各种盗版和假冒产品了，于是该产品的生命周期就默默地接近了尾声。并且，相当一部分互联网领域目前在知识版权上的相关法律法规是缺失状态。

在互联网文化产业领域，各种多媒体产品、网站平台、服务类软件等原创性文化产品，内容的生产是其构成的主体。而这些文化产品具有高度的创造性和原发性，其中凝聚了文化创造者和制造商的智慧与心血，因此版权在文化产品生产中占有至关重要的地位。树立和强化知识版权保护意识，对互联网文化企业的生态意义重大，这是文化内容生产者运用合理法律手段加强知识产权保护、维护其内容合法权益的有效途径。

知识产权的保护，在整个文化市场占有非常重要的地位。文化产品从原创走向规模生产，必须经过完善的知识产权环节，产品的价值才能得到多元化、多渠道的释放。这样的保护不仅仅需要政府的调控，也需要企业和个体全面的参与，行业的自律是互联网文化企业发展的推进力。没有系统的知识

产权保护体系，就无法顺利地实现文化资源的产业化，无法吸引更多的社会资本投入。这种自律是对自身的保护也是对彼此的保护，一旦已开发的优势资源可以被肆意掠夺，创意生产方的积极性将严重受挫。

我国现存的版权维权主体主要有三种，个人、政府与社会组织。政府维权以刑事或行政手段的惩治为主，突出的只是整个维权过程中的最后一环。因此，培养行业内的非社会组织的自律性，可以提升维权活动的效率，降低维权的成本，培养由政府、行业组织、著作权人组成的数字版权维权体系，是进一步提升版权意识的有效办法。

（三）加强司法保护与行政保护的协调力度

对网络文化版权的司法保护是版权保护的关键环节，是将版权法律法规付诸现实的具体活动。一方面重视打击盗版源头和流通环节的侵权，在日常勘察加大力度，严厉打击盗版、滥拷贝等侵犯知识产权的违法行为，禁止未缴纳版权使用费擅自滥用文化作品的行为，切实保护源发企业和创作者的合法权利，净化文化市场经营环境；另一方面，加强文化市场的深层次管理，通过立法逐步规范对互联网文化产品的有偿使用制度、集体管理制度和版权认证制度。

由于我国在互联网文化市场管理上缺乏完善的政策和全面的法律系统，导致企业在生产过程中缺乏依据，行政执法部门在权限判断时职责不清，监督制约的环节不健全。制度准则仅仅是规范市场的初始阶段，互联网文化产业的有序发展还有赖于行政审批、市场准入、融资、税收等诸多方面的协调。得当的行政干预，需要生产引导各个环节的整体配套性建设。

以行政监督部门为例，针对管理体制的陈旧，监督部门应该推进政策制定方完善文化体制的改革，监督的涉及面包括财务环节和生产引导过程，督促创意方获得与其切身利益相关的知情权和参与权。政府的管理监督工作对于互联网文化企业的生产引导是不可或缺的，政府的任务是将司法保护与行政保护相协调，营造公平竞争的文化市场环境，在制度和政策层面实现根本革新，从传统的直接管理向间接管理转变，从以行政手段为主向经济手段为主转变，引导互联网文化企业正确地经营和决策，并在文化企业生存引导中，加强对各个主体行为的监督，提升行政监督的执行力。

（四）进行数字版权保护的技术创新

当前，数字化版权产品层出不穷，它们凭借着其互动共享、丰富灵活的特性夯实了社会文化财富和智慧成果，然而也为我国现阶段混乱的版权市场提出了新的技术命题。具有无形资产特点的数字文化产品实质是一种天然的文化生态，而数字化时代版权的概念在我国却正面临尴尬困境。

数字版权保护的技术创新可以借鉴美国的版权结算中心、德国的作品表现权与机械复制权管理协会、日本的E - license在线授权系统，建立符合我国互联网环境的行业集体管理和授权平台。让互联网文化企业的产品实现统一的网络登记与授权，每一个版权作品都可以取得一个与之相对应的版权登记证明，明确文化产品的归属权，在此基础上，建立网络文化产业的分类管理体系，为产品添加标签方便搜索，并配套以数字产品授权销售的激励机制，让系统为交易双方提供作品议价、授权的平台，对购买方实行相应的激励措施，以防止系统遭受恶意破坏。

这样一个集体管理和授权平台，需要充分发挥行业协会的作用。作为政府与企业沟通的桥梁，行业协会将完善文化产品的数字版权集体管理。建立互联网文化企业、行业协会和政府之间互相协调的版权保护新机制，让互联网文化企业在行业标准制定、行业内部的评比、培训、监督、标志和资质认证方面享有自主权。

协会协助政府部门展开对国内外行业版权生态的研究，并积极回馈到政府立法的相关工作中去，为政府提供数字版权保护的可行性分析报告。同时，建立行业引导机制，为互联网文化企业提供全面、便捷的版权服务与咨询，定期组织企业间的活动交流活动，让行业研讨版权保护措施，通过内外的交流合作，让行业协会获取更大范围的国际数字版权讯息，为企业了解国外版权动态提供实时依据，以形成一个启发创新的良性环境。

（五）加强数字版权的国际交流与合作

数字版权制度本身就是一种具有全球化意义的制度。总览全球文化企业总体格局，各国都相应出台了翔实的知识产权保护法律法规。互联网文化产业也被认为是以版权产业为核心，提供服务产品、精神产品的行业。当国外一些具有高附加值、低成本投入特点的网络文化产品涌入我国文化市场时，我们应该争取逆转，变被动为主动，积极顺应并接受各种规则制度。

事实上，随着我国的文化实力提升，我们的文化资源也在被一些发达国家不断地窃取和盗用，例如一些国外公司已经提前将中国文化机构的作品注册为网络游戏的商标，反而当中国的这些企业想要开发此类游戏时，需要向对方支付高额的使用费。对于这些文化资源的精华，多年来我们一直在强调“传承”，却忽视了国际知识版权这重要的一环，这迫切需要通过加强数字版权的国际交流来规范和调整。

依托于互联网而产生的数字版权问题具有典型的无边界特征，数字版权的侵权行为将涉及国家主权的维护，以及本土法律与国际惯例之间的差异问题。借助互联网的特性，数字版权具有易于扩散的特性，这使得全球化保护成为一种必要性的前提。在发达国家，本土数字版权规则与国际管理的适应问题早已解决，而我国于1992年正式加入国际版权公约，目前仍有部分法规未与国际接轨，面对发达国家在互联网的信息和话语权垄断也一度处于劣势状态。2007年，我国加入了《世界知识产权组织版权条约》，扩大了国际条约的遵循范围，加强国际的交流合作首先要解决本土法律与国际惯例之间的脱节现象。

对于步入数字版权实践领域时间不长的我国而言，发展过程中遇到的诸多理论与现实纠纷可以从国外已有的司法实践中寻求答案，即使是一些存在争议的问题，在国际上其基本认识和针对性的解决方案也趋于明朗化。以日本为例，即使当前日本的产业格局不断变化，在某种程度上也与我国的境况有相似之处。日本的数字版权保护在文化推广与建设上形成了完善的法律体系，其《著作权法》严厉地明列了各类侵权行为指向的代价，配合以系统化的行业集体管理制度和行业组织监制，通过版权中介业务来广泛监督数字出版的利用、授权和收费等。

版权法律制度作为知识产权法律体系中举足轻重的环节，在文化经济中发挥着极其重要的作用，我国有必要加强国际间的交流合作，借鉴发达国家的司法保护体系，对数字版权保护专门立法，适时地依据数字网络市场的环境变化提出具有前瞻性的文本规定。

六、进行国际化扩张，提高国际竞争力

（一）进一步完善外贸制度，加大互联网文化产品的出口

全球文化市场规模正在以两倍于全球 GDP 的速率高速成长。我国已在世界经济与贸易中占有重要地位，对外贸易发展迅速，出口比重不断上升。然而，我国互联网文化产品的出口相比世界贸易却明显滞后。我国的互联网文化产业起步晚，属于新生产业，处于国外文化产品的冲击下，其竞争力远不及欧美国家，没有打开国际互联网文化产品出口的大格局，形成强大的文化国际竞争力。如果不加大扶植力度，在其他产业竞争格局已基本确定的前提下，我国将在新一轮的产业竞争中处于不利地位。

要保护我国网络文化产业的发展，政策法律是最有效的方式，虽然我国现存已颁布的文化产业相关政策不少，可是针对文化产品走出国门的外贸制度法规还很欠缺，政府应成立部门专门研究制定互联网文化产品和服务的进出口发展战略，而不是单纯地颁布一些准则和条例。积极培育具有国际竞争力的出口品牌，从研发设计到投资，从国际营销体系到贸易便利，从金融保障到公共信息服务等多方给予权利扶植。同时废除与形势发展相违背，不利于互联网文化产品和服务出口的规定和做法，及时修订相关法规，加强文化外贸信息平台建设。

政府应加强与相关海外机构的协作，建设互联网文化产品和服务出口的统筹工作，向互联网文化企业提供国际文化市场信息，为各个级别的企业创造公平竞争的环境和迈向国际市场的条件。同时，整顿互联网文化市场，打击盗版和侵权行为，以阻止病态的文化产品非法流出我国、进入国际市场，造成负面的影响。为互联网文化企业的发展创造良好环境，扩展我国在海外的文化中心建设。这些海外文化中心为当地消费者了解中国、接触中国提供了一个良好的窗口，加强了中国制造的文化产品在海外消费者心中的印象。同时应该积极举办跨国的文化交流活动，让国际市场对我国的产品和文化有更深入、更全面的了解。

外贸制度上要完善扶持政策，充分利用中央外贸发展基金、中小型企业出口开拓资金等支持互联网文化企业出口，鼓励外贸型信用保险公司与银行

配合，通过信用保险＋出口担保的模式，为互联网企业的文化出口提供融资支持。建立团队研究减免或降低文化产品出口企业境外收入营业税和所得税的税收政策。并根据互联网文化产品的出口状况，认定一批国家互联网文化出口重点企业和项目，对它们予以重点扶持。

文化产品的出口需要一种大格局的视角，要有兼并包容的心态，充分利用互联网文化产品之间天然的联系，形成规模性的文化全产业链，才能实现对互联网文化企业知名度和影响力的提升，实现品牌的价值。品牌对文化产品和服务的出口而言是无形的资产，由于缺乏有影响力的品牌，我国的互联网文化产品难以被国际主流市场广泛认可和接纳。全球互联网文化产业的竞争，已经不仅仅是企业之间或者产品之间的竞争，而是一种产业链式、高度品牌化、全方位的立体化竞争。中国的互联网文化在向海外发展的过程中，应该关注这种全产业链融合发展的方式，创造出更多创意文化的品牌。

（二）鼓励国内外互联网文化企业的兼并重组或结成战略联盟

互联网文化产品生产具有特殊性，在题材选择、人才使用、创作过程中可以逾越国界的限制，我国的互联网文化产品要走向世界，生产出满足世界各地消费者需求的文化产品，可以与国外互联网文化企业合作。经济全球化是世界经济发展的必然趋势。

按照新兴古典经济学的说法，社会分工与专业化程度的提高才是推动经济发展的原动力。国外互联网文化企业主导着全球文化市场，作为投入低、产品附加值高的环保产业，文化产业相对传统领域的产业具有强拉动性和溢出效应。他们依靠自身雄厚的经济规模，逐步推动互联网文化企业向规模化、高科技化的方向发展，从而巩固了全球文化产业的主导地位。发达国家的互联网文化产品具有符合全球偏好的内容创意，享有全球声誉的品牌分销渠道，并且拥有成熟的商业化产业链，同时他们对知识产权有完善的保护机制，除了基本的法规和有针对性的政府扶持政策，还依赖于强大的行业协会类非官方机构。

随着我国经济持续增长，在全球的文化影响力也在递增，战略联盟的形成也来自世界范围内对中国关注度的日益上升。我国本土文化市场的迅速扩容，为国际间的企业兼并合作、催生大型文化传媒集团提供了基础。作为拥有全世界最多互联网和移动通信使用群体的中国，市场的内核力强大，新兴媒体领域跨越式的合作是彼此的需求。合作间可以采取共同投入、保底分成、收益分账的形式，让国内互联网文化企业走出去，建立全球化的中国文化出口营销网。

跨国公司战略同盟之间能够形成兼容的战略目标，是国内外企业合作的基础，但彼此之间必然存在诸多差异，又以文化差异为首。确认我国与国外企业之间的文化差异，对跨国战略联盟的具有非凡的意义。这样的合作联盟，在保持企业相对独立性的前提下可以实现资源的跨国整合，让企业资源在国际间得到优化配置，克服自身的约束，合力研发领先的技术，共同把握全球市场的机会。

企业要与机构联合加大市场的开拓力度，促进国际间的文化交流与贸易结合；在办好企业联盟的同时，加强公益性文化交流活动；以市场原则为前提，促进文化交流与国际贸易的结合。销售渠道的建立是我国互联网文化企业拓展国际市场不可或缺的一环，然而当前我国大多数互联网文化企业缺乏足够的资金与能力构筑专门的海外销售渠道，通过与国外同行业的企业兼并可以建立良好的合作关系。双方想要灵活地适应环境，必须在相互依赖与各自独立之间找到平衡，彼此要相互信任、信守承诺，为战略联盟的长久共存和成员企业的共同发展打下夯实的积淀。

（三）搭建国际间互联网文化企业常态化高端交流平台

互联网改变了传统经济中企业的纵向与横向边界，互联网的文化企业也呈现巨型化和小型化两种趋势。我国的互联网文化产业走的是不同于发达国家的道路，用免费或低价格策略扩大对用户的吸引，初步实现用户的体验后，会借风险投资之力进一步增强用户价值，继而通过价格歧视来实现商业价值。这样的商业模式破解了对发达国家惯有经验的依赖，让互联网文化成为中国少数在外资跨国公司重围中有所突破，并占领可观市场优势的产业。

平台是促成多边客户之间交易有形或无形的空间。当两类或多类不同需求的企业产生交易时，会存在市场信息的不对等问题，这使得各利益方很难把互相之间产生的外部性内化，于是能够建立彼此交流的平台应运而生。平台规模越大效应越强，这种现象在互联网产业中尤为明显。国际间互联网文化企业的常态化交流平台始于商业创意，创意的战略决定了平台的方向和潜力。它离不开有效的资源整合、资金配置、人力资本和社会资本。

常态化的高端交流平台将为我国互联网企业与国际知名企业合作投资、建立公司提供条件，以向国际知名企业注入资金等方式达成战略合作。它为我国进入国际市场降低了门槛，并且在管理、技术及资金方面得到充分的调解和支持。由于我国劳动力资源丰富，生产成本在国际间相对较低，这样的比较优势在利用国际知名企业的知名度销售我国文化企业的产品时将充分发挥，同时在对外合作过程中，国内互联网文化企业的人才得到了国际化经验的培训，锤炼了技术和内容的生产能力，带动了文化口碑产品的出口。

在社会化媒体时代之前，这样一个全方位交流平台的打造受到地域、时间、资金等多方条件限制，不但成型的难度高，常态化的效果也受到制约。而互联网让这一切有了突破性的进展，这样的平台可以存在于网际间，不受时间地点的约束，更灵活的合作交流方式，更能适应这个时代导致的行业变换的速率。它的搭建也要融入互联网的新思维，以线上的开放式合作理念和线下的考察、参会、互动相结合，这不仅仅是世界发展的大势，也是互联网文化领域发展的大势。

郭万超

中国人民大学经济学博士

北京市社会科学院传媒研究所所长

北京市文化创意产业研究中心主任、研究员

许飘

北京师范大学艺术与传媒学院博士